Money錢

Money錢

股市小白也能1天搞懂的技術分析

極簡投資

飆股女王
林恩如 著

Simple
Investing

第3章　策略對了 才能大賺小賠

前 言

擁抱投資的永恆真相
啟航財富之旅

....

"投資理財是一場挑戰與機遇並存的旅程，可以說是一門充滿各種可能性的藝術。"

....

不管你是剛入股市的新手，又或者是還在股海中載浮載沉的老手，想要找尋一個能夠在股市中長期獲利的方法，相信這本書都可以幫助你找到簡單又有效率的投資方法。

過去我是一個每天積極參與市場，無時無刻都沉浸在交易裡的高頻交易人，用盡所有時間、金錢在金融市場上，試圖找出快速致富的捷徑，後來才發現「財不入急門」，

體悟到原來好好生活、耐心等待出手的機會，才是投資獲利的真理。

屈指一算我的理財教學已經邁入第 11 個年頭，謝謝這一路以來選擇相信「超簡單投資法」的學員們，有你們的信任與支持，讓我可以把自己喜歡的事變得更有意義。這些年陸續看到不同的學員使用同一套投資方法，創造超級績效改善生活品質，讓自己成為真正的股市贏家，這是我作為投資理財老師最感欣慰的事情。

股票投資是我最擅長的專業，有機會能將正確的理財觀念，以及簡單不複雜的方法傳遞給在股海中茫茫然的股友，實在深感榮幸。從小，爸媽對於我的影響至深，他們總是告訴我，「點亮自己照亮別人，要當個手心向下的人，如果有一天妳有能力幫助他人，請不要吝嗇幫忙，在能力範圍之內傾全力協助，妳獲得的將會是無與倫比的快樂。」所以，我持續在這一條理財教學之路努力著，傳遞善的知識以及真實的力量。

我以一個真實的交易人推廣「超簡單投資法」，倡導

波段趨勢的投資方法，幫助初入股市的小白新手、受傷慘重的氣餒老手，教導他們「釣魚的方法」，而不是直接給漁獲，灌輸正確的財金觀念，在股市一步一步穩健向前行。所以，我不是一個報明牌的老師，也沒有花招百出的教學方法，因為我相信 1 招就有用何必招招都要學，也希望大家懂得簡單其實是複雜的極致，唯有專注走在正確的道路上才有機會通往財富之地。

平凡無奇才是股市真正的樣貌，沒有什麼引人入勝的絕招。而四大法寶就是尋找潛力飆股的金鑰，透過均線、趨勢線、型態、成交量等 4 個技術分析指標，逐一檢視股票圖形，你會發現圖中自有黃金屋。

當交易是靠自己看得懂趨勢方向、自己會進退，那就距離出師不遠了，剩下的就是如何培養不動搖的投資心性，以及克服人性的恐懼、貪婪等弱點，健全的投資心態必須經過一次又一次的打掉重練，從錯誤中成長才能有所體悟。

投資理財是一場挑戰與機遇並存的旅程，可以說是一

門充滿各種可能性的藝術，但同時也有大數據應用的科學基礎。最困難的是人性面的修練，說它是人生修羅場還真的不為過。這本書將引導你進入這個精彩又變化萬千的領域，為你提供深入且實用的財金知識，幫助你在金融市場中穩健成長。

本書內容深入淺出，包括投資策略、心性建立、風險管理、資金配置等核心重點，同時搭配實際案例分析，手把手帶領讀者一步一步學習。每一個人都有自己的投資個性，以及風險承受度，鼓勵大家保持空杯心態閱讀本書，並根據個人情況調整適合自己的投資策略。

最後，投資是一個學習的過程，想要成功必須付出時間、耐心和不間斷的努力，希望本書能成為你投資路上的良師益友，提供最有價值的指引，幫助你實現財務自由的目標。

飆股女王 林恩如

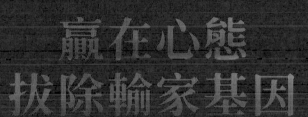

贏在心態
拔除輸家基因

恐懼在經過時間的消化，

就會出現變化，

此時看似無望的未來，

實際卻是投資人重見曙光

迎向充滿希望的未來！

1-1
成功交易
80%靠心態、20%靠技巧

> "學習技巧不困難，每個投資人需要掌控的是自己的心態和
> 紀律，才能在玩弄人心的股市立於不敗之地。"

曾經，我也以為成功交易是依靠出神入化的技巧以及大額的本金，相信投資肯定有正確答案，只要學會就能獲利，內心更是深信有投資神人的存在。於是，在投資生涯的初期，我不斷在尋找所謂的「交易聖杯」，經過數次的多空市場洗禮，在市場帶來多次的震撼教育之後，讓我深刻體悟到「交易聖杯」只是投資人心中嚮往的寄託，人性的理想罷了，真正的交易聖杯是如此的樸實無華。

當交易不順利時，人們就會習慣找理由安慰自己，讓自己好過一些，像是政策干預、市場不如預期、別人報牌

不準、被主力盯上、進場太慢⋯⋯等各種外在因素，最後就更神化傳說中的「交易聖杯」，相信自己是因為沒有找到交易聖杯而賠錢。但是，事實真的是因為如此嗎？

憑感覺交易不是常勝之道

關於「交易聖杯」這件事情，分享一個親身經歷的故事給大家。初入股市，我在券商當營業員的時期，那時的我在股市只算是個有膽無謀的交易人，因為工作需求，每天都要盯著盤面當沖，曾經月當沖交易量高達 7 億元，但實際的獲利卻僅是靠高頻交易所換來的退佣手續費，而不是實質的價差。

直到某一天崩盤的前夕，我出清手中的庫存後，回到家冷靜的回想每天在營業大廳裡每一位投資人的交易輪廓，有些人天天來券商報到看報紙打聽消息，有些人天天在市場靠當沖賺交易手續費，有些人則不用整天看盤，甚至變盤時還無動於衷看電影喝咖啡。我對於哪種不用天天看盤的自在交易生活感到無比好奇，認為可以對盤勢變化不上心的人，一定是有「交易聖杯」才能過上如此令人稱羨的日子。於是我鼓起勇氣向一位大戶姊姊討教，記得她

只告訴我簡短的幾句話:「回去熟背大盤 K 線圖,交易並不是像你這樣天天進出!」當時的我還是無法理解姊姊的意思,總覺得高手一定都會留一手,是不是不願意分享,怕大家找到傳說中的「交易聖杯」。

但是,我仍不放棄,非常迫切的想找到破關秘笈,所以開始花大量時間研究各種投資方法,學習各種技術指標,也同時探究總體經濟、公司基本面、籌碼面,慢慢地才發現原來交易根本沒有秘密,很多交易高手口中所說的「盤感」,其實就是要看懂大盤傳達的訊息,解讀它之後自然知道往哪裡尋找好股票。而想要買股票獲利就要懂得降低進出場頻率,拉大交易週期,才能不急不徐累積獲利。於是,我從信奉當沖的交易人,轉為擁抱波段趨勢的交易職人,告別了當沖的緊張日子,現在享受優雅的投資生活。

找到屬於自己的成功交易

在進入金融市場之前,每個人都要認真探索自己的交易個性,雖然是老生常談的一句話,卻是比投資技巧更重要的事情。大家都可以學會投資技巧、策略、方法,投資人的差異就僅在運用的熟悉度而已,但是一個人的交易個

性卻是影響投資操作是否成功的關鍵。

　　大家一定都聽過「別人的小孩都大得好快」這句話，甚至也認同這個觀點。這是因為你不用經歷別人小孩的成長歷程，不清楚這段時間的酸甜苦辣，但是你卻經歷了自己小孩的成長過程，知道自己的辛苦，兩相比較之下，別人的小孩當然一瞬間就長大成人了。套用在投資也相通，看到別人買股票賺錢都好容易，反觀自己總是在市場一事無成，甚至虧損連連，這是因為你不夠了解自己的「交易個性」。

　　每個人與生俱來的個性特質不相同，有的人生性保守、有的人喜愛冒險刺激，在現實生活中都找不到百分百相同的兩個人了，更何況是投資市場。不要勉強保守的投資人梭哈，也不要強迫積極的投資人忍功一流，真正認識自己的交易個性，才能掌握投資心性，對於成功交易也就能更靠近了。

📈 投資要自己學、自己會、自己懂

　　「天底下沒有白吃的午餐，沒有任何人可以不勞而獲」，相信大家對這兩句話再熟悉不過，事實上做任何事

情都要用心付出代價，不論是時間、金錢都得投入，投資市場更是如此。想要在股票市場上有所斬獲，一定要先投資自己，投資自己是人生這輩子最穩賺不賠的投資。進場之前對市場務必有所了解，並不是只會跟風、看新聞、聽明牌就冒然進場，那樣做和買樂透沒什麼差別。請正視投資是一門專業，進來股票市場請先認識市場，了解遊戲規則、評估風險，永遠要把風險擺在利潤前面，當走過風險才有後面的豐碩利潤。

知行合一的投資觀念

在清楚了解自己的交易個性之後，踏入股市就不至於害怕、恐懼，因為你已經懂得自己的風險承受度，可以坦然面對交易風險。股市贏家之所以立於不敗，都是因為設想了自己可以接受的虧損範圍，絕對不是追求傳說中一夕致富。

許多人在交易操作時的行為是「知行不合一」，意思就是「知道但做不到」，明知道要停損但就是砍不下手，後果就必須要承擔虧損更多的風險。成功交易最需要建立的心理素質就是「停損」，這是我在市場上立於不敗之地

的保命符，也是 80% 靠心態的成功交易關鍵。

「成功交易 80% 靠心態、20% 靠技巧」，學習技巧不困難，每個投資人需要掌控的是自己的心態和紀律，才能在玩弄人心的股市立於不敗之地。

◆ 女王投資金句 ◆
技巧人人可學，但心態卻不是人人都能培養好。

找出投資的目標 才能堅持

回歸初衷，想想自己為何要投資？結婚、買房、生子、教育基金、養老金、財務自由……不管是哪一個原因投入股市，最終無非都是為了要提升生活品質，過更好的日子。當明確地知道投資的目的之後，認清交易的實相，不再看新聞聽明牌、無時無刻緊盯盤勢，心情不隨股價起伏波動，改掉短視近利性格，建立良好的投資心態，才能進一步做有效率的投資，「對的時間做對的事」。

◆ 女王投資金句 ◆
**進退無依據，獲利猶如緣木求魚，
進退有依據，才能擺脫輸家宿命！**

1-2
貪婪與恐懼
是投資最大的敵人

> "學習投資是必經的交易成長過程，若只憑交易技巧和分析
> 是無用處的，更重要的是建立健康的投資心理素質。"

當我們想盡辦法要從股市獲取最大利潤的同時，強大的
內心動機極有可能成為自己最可怕的敵人，那就是
「貪婪」與「恐懼」。

相信每個人進入股市，都抱持著有朝一日能夠富甲天
下的願望，夢想著買股致富，過一輩子衣食無缺的生活。
但真正進入金融市場之後，自以為會上漲的股票，就是萬
年不漲；自以為不停損的股票，終有一天會漲回來；自以
為聽別人報牌，就能海賺一筆……各種的「自以為」，最
後發現在股票市場裡的規則和想像中有落差。

在經過多次的市場震撼洗禮之後，多數投資人開始變得務實，願意正視自己不切實際的美好想像，並且付出更多時間去了解真正的金融市場，這其實就是一場投資人「華麗變身」的過程，往往熬得過去就能笑著重新出發。

獲利會引發人性的貪婪

人性始終存在著「貪婪」的本性，而慾望總是無窮無盡，這個人類共同的本性在股市中表露無遺。因為我們總是嚮往美好的事物，當遇到時就會想要占有，當已擁有時，又會想要獲得更多，這也是人性的弱點之一，偏偏金融市場不少時間就是違反人性的場域，絕對不會因為一次的獲利就永遠得勝，時常在你貪婪時狠狠一擊。

試著想像在買進股票賺到一筆獲利後，內心肯定澎湃洶湧，此時就引發了「貪婪」之心，因為想要賺得更多、擁有更多，殊不知已經陷入貪婪的陷阱不可自拔。急欲想賺錢的心情容易導致情緒化交易，無法理性思考，結果賺

小錢賠大錢往往是最常看到的結果。

　　每個人進場的時局不同，剛開始賺點錢就容易以為自己是股神，買到上漲的股票就會覺得當初購買的張數太少，因為想要獲利更多、擔心買不到股票的便宜價錢，於是開始無限制的加碼追高，這正是踏入貪婪的圈套。

　　「做對加碼」代表方向正確，投資人應避免盲目的加碼追高，而是轉為有限制性的加碼，加碼的風險必須控制在合理範圍，記住每次加碼就是每筆交易重新計算的開始，所以成本不會和第一次買進的股價相同，建議加碼時不要超過個股本金的一半。舉例來說，第一次買進 100 萬元的股票，在第二次加碼進場請控制在 30 萬～ 50 萬元，最多以不超過初始投資成本 50% 是比較合理的布局範圍。

　　我也曾經因為貪婪而記取教訓，當時的交易策略是當沖交易和波段交易並重，數年前的一檔交易，威盛（2388）股價從 25 元一直買到 40 元，在嘗到波段獲利甜頭之後，開始陸續融資加碼從幾十張買到上百張，沒有節制的加碼，成本一次次地墊高，結果某天股價開始反轉直下，高點再也沒出現過，下跌的速度讓我幾乎來不及反應。

　　那時的我感到非常恐慌，每天都在求老天爺幫忙，從原

本獲利的庫存變成讓我不停追繳，差點面臨融資斷頭，根本無法客觀看待交易。最後是因為老天爺有聽到我的請求，讓我運氣好到沒有被市場淘汰，小賺出場後市場又轉為空頭，那次的交易讓我刻骨銘心，也體認到「貪婪」的可怕。

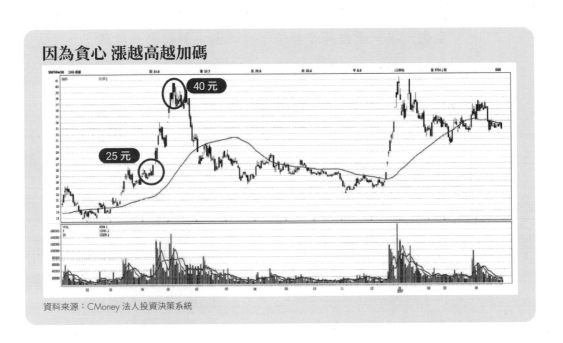

因為貪心 漲越高越加碼

40元

25元

資料來源：CMoney 法人投資決策系統

📈「恐懼」來自於無知

在認識如何克服人性的「貪婪」之後，「恐懼」則是另一個投資人要正視的人性弱點。股市的恐懼心理必然是

發生在市場行情較差的時局，而空頭走勢就是恐懼爆發的時期，無論是個股跌跌不休、大崩跌造成的大幅虧損、漲少跌多，還是投資人踏空追漲被反覆收割等情況，都深藏著恐懼心態在股市操作之中。然而股市就是難以預料，當恐懼氛圍達到極致之時，可能就是市場行情的開始。

金融市場一定會經歷各種恐慌時刻，例如台海危機、烏俄戰爭、金融海嘯等事件發生時，造成人心惶惶，投資人因害怕賠錢而出場，不過有時「危機就是轉機」，這句話套用在股市更加貼切。恐懼經過時間的消化，就會出現變化，此時看似無望的未來，實際卻是投資人重見曙光，迎向充滿希望的未來！投資人必須理性看待，尋找盤勢重整後的投資標的危機入市，等到市場轉為樂觀，就歷史經驗來看，投資報酬肯定較為豐厚。

在了解股市恐慌發生時的樣態之後，現在回到交易者的恐懼行為，最容易讓投資人感到害怕的時間點是「虧損」。當看到帳面上賠錢時，多數人會產生抗拒的心態，就是不認輸的心理，此時不會做出任何動作，並且開始催眠自己沒有賣就沒有賠，每天盯著大盤起起伏伏、看過一輪又一輪的新聞報導，但內心卻是越來越害怕，下場就是

賣在最低點，更慘的情況就是賠光本金。

「痛到才會覺悟、不夠痛只會執迷不悟」，其實所有的恐懼來自於無知，當遇到市場恐慌時，大部分投資人容易被影響，跟著市場的風聲感到害怕，但卻不知道害怕的原因，這通常會發生在「憑感覺」交易的投資人身上。對於投資一定要自己看得懂、自己會才能破除無謂的恐懼，透過正確學習逐一拆解恐懼的緣由，那麼每次的損失就是蛻變的開始。

◆ 女王投資金句 ◆
聽取太多的消息、謠言，反而會自亂陣腳。

市場是人類心理的顯現

人生無常，股市更是無常，遇到大盤下跌不要著急，遇到大盤上漲不要心喜，順應市場才是克服人性弱點的最高指導原則。許多人在股市賠錢往往都是出自於「情緒化交易」，當投資人意識到這個問題之後，就會進入到「機械化交易」階段，改善讓情緒左右的交易陷阱，最終達到「直覺化交易」。投資人在每個特定時期遇到的虧損，都

是極具重要意義的市場教訓，這就是學習投資必經的交易
成長過程，這個過程若只憑交易技巧和分析是無用的，它
要學會的是健康的投資心理素質。

　　投資交易是一種人生歷練，通過這場考驗，你就能練
就即時且快速地克服各種心理挑戰的能力，此時的你已經
成功的將交易技巧轉化成獲利習慣了，記得只有無法改變
的窮腦袋，沒有無法改變的窮口袋。

女王投資 Tips
輸家的心理素質

想一夕致富快速翻身	害怕虧損	容易恐慌	容易受到消息面影響

1-3
別浪費失敗
從錯誤中學習

"投資是一條漫漫長路，每一步都要走穩才能踏實築夢，從失敗的交易中學習，不重蹈覆轍，認清交易沒有「絕對」。"

真實世界不像是永遠充滿歡樂的童話世界，人生在世總會遇到順遂的時候，也會出現令人沮喪的低潮時期、遇到一些挫折，但再怎麼艱難、橫逆，有時也會春風得意。成功與失敗、禍與福總是相伴而來。

在股市世界中，成功與失敗就好像照到多啦 A 夢的放大鏡道具一般，容易被放大感受。投資人一定都曾有過迎接獲利時的喜悅，內心無比雀躍，彷彿世界以我為中心；遭逢賠錢時的巨大心理壓力，賠到不知道該怎麼辦時的恐慌焦慮，彷彿天就要崩塌。這兩種極端的感受，就是投資

人進入股市的必經之路。這裡不多談人人都懂的獲利喜悅，而是想與讀者分享導致賠錢的錯誤，別浪費每次失敗的交易，我們一定要從中記取教訓！

股市常見的錯誤行為

「犯錯」在投資中並不可怕，重要的是避免可能導致災難性後果的錯誤，以及如何不斷從錯誤中學習，而這正是成功投資人有別於一般散戶的關鍵。

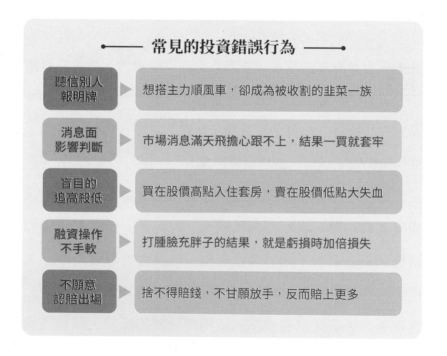

常見的投資錯誤行為

聽信別人報明牌	想搭主力順風車，卻成為被收割的韭菜一族
消息面影響判斷	市場消息滿天飛擔心跟不上，結果一買就套牢
盲目的追高殺低	買在股價高點入住套房，賣在股價低點大失血
融資操作不手軟	打腫臉充胖子的結果，就是虧損時加倍損失
不願意認賠出場	捨不得賠錢，不甘願放手，反而賠上更多

　　優秀的投資人並不是「穩贏不賠」的神人，在他們的投資生涯中失誤往往歷歷可數，只是他們懂得檢視自己的投資敗筆，不斷反省、修正，從失敗交易中學到更多，創造出令人稱羨的好績效。以下列舉常見的投資錯誤行為，相信大家都不陌生，因為多數人也曾犯過相同的錯誤。

誤聽信內線消息慘賠出場

　　我也不例外，人人都說茫茫股市像是騙人的鬼，市場充滿著各種謊言、騙術，剛踏進股市的小白，或多或少都會遇上一、兩回被騙的經驗，才會真正懂得明辨是非是如此重要。

　　聽信明牌和內線消息都曾是我的親身經驗，二十幾年前在證券公司當營業員的時期，有一小段時間操作不順利，時常心煩意亂，隔壁同事經常提起他有參加一個投資論壇，只要寫信給對方就會獲得飆股一支。受到同事每天大力推薦的影響，我就真的寫信給對方，果真立即得到回應，我得到一檔傳說中的飆股，股票代號是車王電（1533），當我買進之後真的就開始飆，只是它是往下飆，一封 30 萬元的信最後的下場就是認賠殺出。

聽信「明牌」 買到一路往下的「飆股」

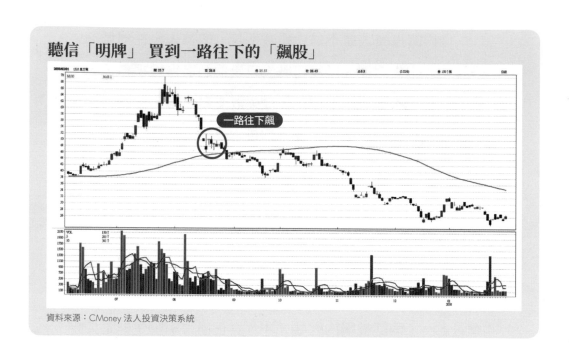

資料來源：CMoney 法人投資決策系統

　　還有一次誤信內線消息也是慘敗出場，記得那是親戚
熟識的研究員朋友，先前提供給親戚的內線消息，幾乎百
戰百勝，每一檔都分析精準且獲利滿滿，親戚嚐過甜頭後
熱心推薦且向我拍胸脯掛保證，說他那研究員朋友非常神
準，我在半信半疑的心態之下買進 10 張新復興（4909）。

　　我買進時的股價一張約 10 萬元，投資成本總共 100
萬元，進場的剎那間股價真的漲了上去，但不久股價 A 轉
下殺，連吃好幾根跌停板，結果這檔股票幾乎買在最高點，

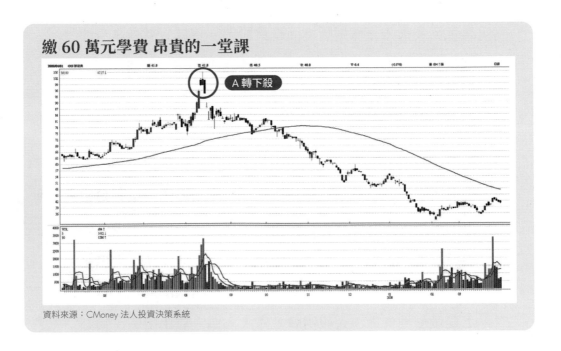

繳 60 萬元學費 昂貴的一堂課

A 轉下殺

資料來源：CMoney 法人投資決策系統

期間親戚直說還有好消息尚未發布，最後賣在 40 元左右，
在短短幾個月的時間，損失了 60 萬元的資金，真的是花
錢買教訓！

投資的三不原則「不看、不聽、不說」

經過這兩次聽消息失敗的投資經驗，讓我開始痛定思
痛，認真檢視錯誤的原因，發現投資人容易在心慌意亂
時，不知不覺會將耳朵打開，讓各種謎之音進入腦袋，於

是就容易失去正確判斷進而亂買股票。這感覺就像是身體在抵抗力低弱時，病毒就容易趁虛而入，然後大病一場，輕微者需要一段時間好好修養才能復原，嚴重者可能小命都沒了。

經驗值不在於交易的年資，而在從錯誤中學習累積。在分析自己犯下的錯誤行為之後，我深刻體悟到交易是自己的事情、自己的決定，別人只是提供了一個你想要「賺大錢」的夢，引誘你一起來圓夢，結果不如預期，對他來說沒有損失，對你來說可以是失去真金白銀的痛楚。真的不要傻傻地依靠別人報明牌，靠人人倒、靠山山倒，當然是靠自己最好。

投資最重要的三不原則：「不看、不聽、不說」。「不看」網路、報章雜誌上無法證實的報導；「不聽」來路不明的小道消息，例如朋友的朋友在某大公司任職、周圍的親朋好友都有買這檔股票、加入投顧老師的會員想不勞而獲買飆股……都屬於這類小道消息的起手式，千萬不要聽信；「不說」指的是不用跟別人談論，股票會漲不是和別人討論出來的，多說無益。掌握投資三不原則，交易就不會受到一點風吹草動就隨便轉向。

　　投資是一條漫漫長路，每一步都要走穩才能踏實築夢，從失敗的交易中學習，不重蹈覆轍錯誤，認清交易沒有「絕對」。記得鴻海（2317）的創辦人郭董曾說：「如果鴻海股價沒有上看 200 元，對不起廣大的股東。」但 2008 年過後，鴻海股價始終不曾超過 200 元，像這類的許願、喊話，投資人真的不用太認真。

◆ 女王投資金句 ◆
「虧損」是股票市場的遊戲規則，
要玩就要接受！

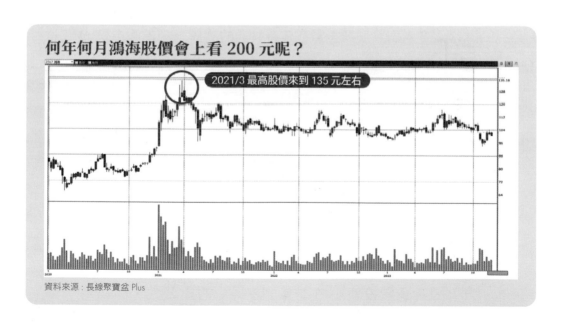

何年何月鴻海股價會上看 200 元呢？

2021/3 最高股價來到 135 元左右

資料來源：長線聚寶盆 Plus

1-4
練就像呼吸一樣
自然的停損心法

> **"停損時要想著能拿回多,而不是虧損多少,用這樣的心態
> 面對停損就不會有太多捨不得的執念。"**

許多人對於股票投資都曾有共通的誤解,認為股市是一個賺快錢的地方,進入門檻低,但報酬高,只要準備一筆資金,不用多久的時間就能夠立刻賺大錢。

根據證交所統計報告顯示,2023 年台股總開戶數逾 1,242 萬戶,以青壯年為主,吸引許多年輕人前進股市淘金,特別是在股市大多頭時更加明顯,造成全民瘋台股的現象。

在進入市場之後才發現股市時常是「賠大錢」的地方,因為多數投資小白不懂「停損」的重要性,誤以為

沒有賣就沒有賠，永遠在股市波動中尋找最高點和最低點，天真地以為每檔股票操作都能夠「買在最低、賣在最高」。其實，再厲害的股票贏家也不太可能每一次交易都獲利，通常是大賺一次彌補數次虧損，達到「大賺小賠」，這其中最重要的關鍵就是「停損」，學會停損才是賺錢的開始！

📈 做最好的準備 做最壞的打算

股票操作就像是開公司做生意，需要投入資金、人力、設備、時間等成本，先歷經虧損、損益兩平、最後再到獲利，這是一個必經過程，最終才有機會成為賺大錢的公司。當你買進一檔股票，也是需要投入購買本金、等待股價發

動的時間，以及個人做功課的時間，買對股票讓你大發財，就像公司做到好生意，會增加營利一樣的道理。

有的人可以賺大錢，有的人則是虧損連連，究其原因就是「停損」的能力。股市有一個真理是「適時停損，持續獲利」，為了讓利潤最大化，投資人都需要建立正確的「停損」觀念，進場之前請「做最好的準備，做最壞的打算」，選擇順勢且具有潛力的股票，並且想好可以接受的損失風險，最壞能賠多少金額。

心裡有了盤算，萬一這檔股票不如預期，你也知道自己最多賠多少，不至於賠不起。記得投資操作最大的敗筆，就是「讓有限的小損失變成無限的大損失」，一次不停損就有可能賠個精光，不停損就要有賠光的勇氣。

🔘 該停損的時候 該走就走請動作快

「停損」是股市最重要的修練，想要進入股市贏家圈，在該停損時就要展現霸氣的一面，不留戀地勇敢說再見，這也同時代表自己能坦承面對錯誤的投資決策，更是對自己負責的表現。

人類的天性本來就不喜歡「輸」的感覺，多數投資人

都曾有過買了股票之後，大盤卻反其道而行，手中持股面臨虧損，但說什麼都不願意放手的經驗。因為我們會找到各種不停損的好理由，希望情況不會更糟，拒絕承認已惡化的實際情況，產生鴕鳥心態，並且選擇遺忘它，這是一種標準的輸家消極心態。

當市場不利於自己，看著手中部位虧損的金額不斷增加，市場和心中所期許的走勢呈相反方向時，就代表是停損出脫部位的時候了。願意勇於承認自己的錯，才有可能持續在市場中獲利，因為市場永遠不會錯。執行停損的動作要快狠準，不把錢當錢、絲毫不留情面的砍單需要練習，但肯定學得會！

⚡ 平常心看待虧損 獲利自然會來

金融市場是資金輪動的市場，處置賠錢的股票遠比處置賺錢的股票更加重要，賠錢不好好處理會影響到未來的重要決策，若一直停留在賠錢的氛圍，容易導致新的機會來時沒跟上。投資人一旦進入市場，就會得變得較為主觀及情緒化，因為這是付出真金白銀得來的股票，對它會有情感連結，看著眼前的股價漲跌，很難保持平常心，

甚至恐懼、貪婪都會更加劇顯現，解決這個問題最好的方法就是進場後不要看盤，設定好警示設定或雲端控股的通知。

利用人工智慧可以解決看盤時的人性弱點，在尚未能以平常心看待虧損之前，請先建立確實執行停損機制，可以透過券商 App 的觸價停損功能，由工具幫你自動執行停損，避免複雜的人性亂攪局。

另一方面，不斷修練正確的停損心態，做錯了就離開，而且是每一次做錯就離開不能間斷，慢慢地對於停損這件事就能以平常心看待。

習慣了停損是正常的風險控制手段後，投資就會進入一個贏家思維的軌道，面對錯誤不糾結，那麼通往成功就會更加順利。換個方向思考，你都能避開錯誤的部分，剩下的當然就是正確的結果了，而那個正確的結果就是「獲利」。

3 個法則設立停損點

法則 1：跌破日 20MA 就賣出

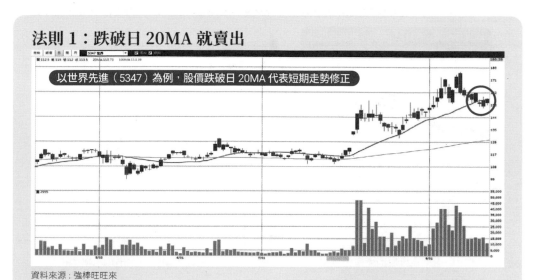

以世界先進（5347）為例，股價跌破日 20MA 代表短期走勢修正

資料來源：強棒旺旺來

法則 2：移動停利法

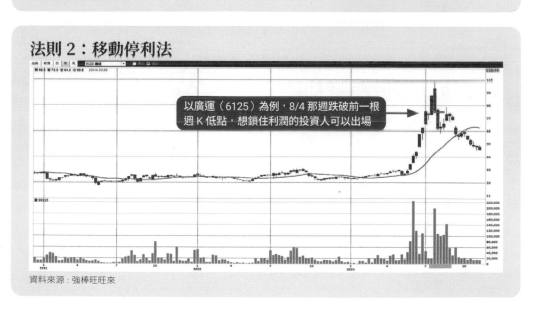

以廣運（6125）為例，8/4 那週跌破前一根週 K 低點，想鎖住利潤的投資人可以出場

資料來源：強棒旺旺來

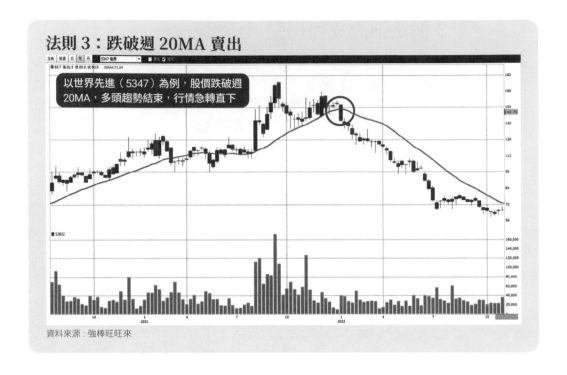

法則 3：跌破週 20MA 賣出

以世界先進（5347）為例，股價跌破週 20MA，多頭趨勢結束，行情急轉直下

資料來源：強棒旺旺來

關於均線的觀念和操作，本書後續會有專文介紹。

　　停損不會讓你變富有，但絕對不會變一無所有！設定停損機制就不會讓你陷入過度虧損的困境，尤其是市場走趨勢時，不懂得停損的人可能重傷粉身碎骨，而懂得停損的你最多只是表面擦傷破皮。停損時要想著能拿回多少，而不是虧損多少，用這樣的心態面對停損就不會有太多捨不得的執念。

另外，停損的設定一定要合理，依個人風險進行考量，如果停損點的損失過大，就會失去設定停損的意義了，想要在股市永保安康，請大家一定要學會「停損」這一道保命符。

◆ 女王投資金句 ◆

不懂停損有可能抱到谷底，
學會停損才有機會高獲利。

1-5
投資金科玉律
用閒錢賺大錢

> "在正式進入投資之前，存錢是必經過程，沒有「本金」根本談論不到「投資」。"

大家幾乎都是在出了社會之後，才對於「投資」這件事特別有感，因為不再是依靠父母生活的學生了，從找工作養活自己開始，你的一生正式掌握在自己手上。工作帶來收入，在扣掉基本生活開銷之後，存錢成為另一個重要的人生課題。存錢像是「投資」的前身，也就是在正式進入投資之前，存錢是必經過程，沒有「本金」根本談論不到「投資」。

每個人的成長背景、生活條件不同，當然對於金錢的看法就不一樣。喜歡生活處處有小確幸，吃好、買好、穿好，甚至玩到滿，這是享樂派對金錢的看法；有些人對於

金錢則較為謹慎看待，花錢的時候會感到心痛，但存錢則覺得有成就感，通常他們存摺裡的數字可能更多，但相對的可能更捨不得用錢。這兩種類型的人想要投資，都必須要做到「適當的節制」，才能平衡地同時享受生活及擁有存款。

🔄 錢如何使用很有關係

沒有人願意一輩子都在工作，想要擁有安穩生活、享受恣意出遊，就必須創造屬於自己的被動收入。「投資」就是創造被動收入的最佳途徑，每個人的工作時間有限，從 20 歲踏入社會到 60 歲退休約莫 40 年的光景，而這段人生的精華階段，會經歷結婚、生小孩、買房、買車、扶養長輩等重大人生事件，加上平時的生活開銷，若只是依靠每月的工作薪資，似乎難以達到理想的生活品質，更何況這期間還不能失業，沒有收入的日子更需要靠老本過生活。

越早懂得支配金錢，越不用為了晚年生活煩惱，這也是大家常說投資要趁早的主要原因。前面提到存錢是進入投資的敲門磚，掌握「強制儲蓄、聰明消費」的原則，每

個月領到薪資時，請先存錢再花錢，意思是指先支付生活的必要開銷，例如水電費、房貸、保險、孩子學費、固定儲蓄等項目，強迫自己養成儲蓄習慣，剩下的錢請用在聰明消費。錢要花在刀口上，而不要被心中慾望所宰制，長時間執行之後，除了維持生活品質之外，更可以存到一筆本金，這筆本金就是不會影響生活開支的「閒錢」，放心將它運用在投資上，讓這筆閒錢滾出大錢。

做好資金配置 未來才有錢花

相信大家都有聽過「投資有賺有賠」，進入金融市場之前，投資觀念、心態、方法必須要打好基礎，若是冒然進場那就不能算是投資，而是賭博了。同時要將本金做好適合自己的配置，有計劃的投資，達到最有效率的結果。

到底要準備多少錢才能投資？這是許多投資小白、小資族的疑問，其實沒有一個標準答案，但可以確定的是本金太少不利買股操作，獲利相當有限，一有風險就全軍覆沒，捲土重來要花上雙倍的力氣重新存錢。所以建議小資族至少要準備 30 萬元以上的本金再投入市場，當然本金越多能夠滾出的利潤也會比較可觀。

　　當你擁有投資本金該如何運用，就是要學會資金配置，會建議保留 3 成緊急預備金，投資只能動用 7 成資金，剩下的 3 成資金則是留做預備金，就算遇到股災不幸賠光 7 成資金，還有 3 成資金可以續命再挑戰。投資不中斷才能在股市屹立不搖，而不是一次買好買滿，若遇到市場不如預期，很可能就直接畢業。

　　持有股票以 3 ～ 5 檔為限，檔數太多過度分散不好照顧也不容易看出成效，檔數太少風險又太高。記得買股票多數不會一檔就中，必須要有分散風險的意識。另外，每個人的條件不同，選擇就會有所差異，一切回歸到自己所能接受的風險而定，當這筆閒錢做好資金配置之後，財富就會在無形之中累積。

借錢投資可以嗎？

　　養成良好的儲蓄習慣，準備了一筆不影響生活的閒錢進行投資，投資也越來越得心應手，在一切似乎上了軌道之後，許多人的貪婪之心就會被誘發，開始想要用更多錢去賺錢，但存錢跟不上速度，所以就會想要「借錢」投資。

　　在討論借錢投資的可行性之前，想要先分享「穩賺不

賠」的投資觀念，許多人在看到這 4 個字就會想要投入所有積蓄，奮力一搏，但是「投資一定有風險，沒有穩賺不賠的投資」，看不到風險的金融商品才是最可怕的，代表風險無可計量。請大家務必要有認知，只要看到號稱保證獲利的金融商品、穩賺不賠的投資方法，都可以直接視為是詐騙，千萬不要天真地信以為真。

回到借錢投資的議題，我認同有條件式的借錢，意思是在評估過成本，且清楚明白自己的操作目的。例如短期運用融資就是一種有風險意識之下的借錢方式，了解融資可以創造短期的投資報酬率，但必須負擔年利率 6% ～ 7% 的利息，以及雙倍的風險。不輕易提高槓桿投資，同時更要嚴守停損。不建議向銀行信貸、房屋增貸、或是向親朋好友借錢，這都不會是所謂的「閒錢」，萬一虧損會造成更大的經濟負擔。

從現在起先從小錢開始，10 萬元、30 萬元、100 萬元慢慢累積投資資金，最後就能從小資族變大資族。每個人拿多少錢進行投資，並沒有標準答案，但卻有個重點，那就是用來投資的資金一定要是能虧損也不影響生活，所以想要靠投資致富，就要努力存「閒錢」。

1-6
找出自己的
贏家密碼

"想要依靠投資獲利，但沒有先了解自己的投資個性，就盲目跟從他人衝進市場，這樣的風險非常巨大。"

「投資不需要有過人的智慧，卻需要有適合投資的個性。」這句話出自於股神巴菲特，投資人想要找到股市的贏家密碼，最重要關鍵是先從了解自己的投資個性開始。

每個人都有與生俱來的性格特質，隨著後天養成的行事作風，融合出各種不同的個性樣貌，面對一樣的人事物時，每個人的觀點及處理方式不見得相同，這就是「個性」使然。在光怪陸離的股市，更可以看見各種性格的展演，只要能認清自己的性格，自然就能找到適合自己的投資策略。

🔗 了解你的理財性格 順勢致富

　　很多人不是不會理財，只是一直理錯財！其實，投資理財沒有一體適用的方法，完全取決於每個人的投資性格，一直用不適合自己的方法，財富當然總是與你擦肩而過。人的一生會經歷很多階段，求學、工作、成家、立業、退休等，每一個階段都需要用到錢，提早準備才能擁有越來越輕鬆的生活。

　　從小我就有一個疑問，對於相同的家庭環境與背景條件的親戚，為什麼理財方式卻大相逕庭？雖然大家接受的家庭教育與金錢觀點相同，但表現出來的理財方式完全不同。

　　以我自己為例，我喜歡將儲蓄變成投資本金，從股市中尋找機會，每次獲利的成就感讓我更加愛上投資；而我其他親戚就喜歡存錢，看著帳戶裡越來越多的存款數字，為她帶來十足的安全感，也就是說「錢錢沒有不見，只是變成自己喜歡的樣子」。理財沒有單一準則和絕對標準，找出自己的優缺點，認識自己的理財性格，才能找到最適合自己的投資方法，達到事半功倍的財富人生。

　　想要成為聰明的理財族，最重要的是先搞清楚自己屬

於哪一種投資個性？以下歸納 4 種理財性格類型，提供各位讀者參考：

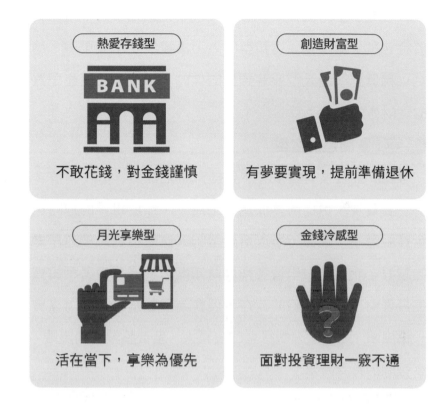

第一種 熱愛存錢型

看到銀行帳戶增加的數字就莫名感到安心，只要手中有錢就會想要存起來，金錢代表「安全感」，錢不動才會感到心滿意足。這類型的人有時是出自於對金錢的匱乏感，

可能與家庭環境、金錢觀有關，例如小時候如果時常接收到父母以家裡沒錢為由，拒絕小孩的提出的需求，長大之後就容易產生對浪費的罪惡感，不敢花錢怕貧窮，所以對於金錢就更加謹慎。這類型的人因為較無法承受風險，適合以穩健型績優大型股等類型的標的，構成多元資產配置的理財方式。

第二種 **創造財富型**

對於金錢很有看法，想要提升生活品質，心中有許多夢想要實現、也提前準備退休生活，深知這世界的運行與金錢脫離不了關係，所以這類型的人深信投資必須越早開始越好，於是努力學習各種理財知識，積極運用各種投資工具理財，知道風險的存在，但會為了創造更大的財富冒一點風險，屬於未雨綢繆型的投資人，適合股票等高風險、高報酬的投資方法。

第三種 **月光享樂型**

「月光光、心慌慌」標準月光一族，這類型人的特性是享樂為優先，活在當下是他們的信仰，天天吃美食大餐、看到喜歡的東西就入手，購買力驚人，擁抱各種小確幸的時光。但等到月底收到信用卡帳單時才驚覺早已透支，可

是又無法改掉花光光的習慣，最終就是債務人生。這類型
的人最優先的理財方式就是養成儲蓄習慣。

第四種 金錢冷感型

有一部分的人對於金錢抱持著無感的態度，面對投資
理財一竅不通，更不想要花時間去了解各種投資工具，看
到數字有恐懼感，覺得理財真的太複雜。

在日常生活中，使用金錢的方式就是購買生活必需
品，偶爾旅遊休閒，錢不知不覺就花掉，沒有固定儲蓄，
也不在意存錢的重要性，只要生活過得去就可以。這種消
極的金錢觀念比較適合銀行定存、零存整付或定期定額
ETF 等投資方法。

投資之前最重要的事就是評估自己的理財性格，當你
非常了解自己的個性之後，不會勉強自己，才能找到適合
自己的投資方式。

性格會左右投資成敗

俗語有言：「人無橫財不富，馬無夜草不肥，橫財不
富窮人命，夜草不肥勞命馬。」意思是指大部分的人都是
依靠工作薪水生活，這筆錢是固定的，如果沒有其他收入

來源，或許你永遠也不會富有，所以大家都希望能像中樂透一樣，天上突然飛來一筆橫財，自然就晉升為有錢人。人有橫財就能富有，同樣的道理，馬兒若是天天都有夜草可以吃，比一日只吃三餐的馬多吃了一頓宵夜，日復一日肯定是頭好壯壯、身型肥美的馬。

後半句的「橫財不富窮人命，夜草不肥勞命馬」是指不懂得抓住橫財、把握機會的人，理當是窮人的命運；同樣道理，有病的馬兒即使餵再多再好的草料，身體無法吸收，那麼也是白費心機。

投資理財也是相同道理，了解自己的性格，懂得掌握機會，才有可能獲得橫財，變得更加富有。但是，我發現許多人把這筆「橫財」認為是「快財」了，偏偏短線快財總是聚不了財，容易陷入賺快財迷思通常是沒有錢的人。

想要依靠投資獲利，但沒有先了解自己的投資個性，就盲目跟從他人衝進市場，這樣的風險非常巨大。記得，越是沒有錢越要考慮後果，金融市場最常教訓「賭一把」的投資人，沒有雄厚本金的投資人更要選擇穩健的方法，一步一步來，慢慢來通常最快達標。

適性而為的投資最自在，《孫子兵法》提到「知己知

彼，百戰百勝」，也適用於投資理財，因此，請先從認清
自己的投資個性開始，唯有了解自己的投資性格，方能對
症下藥，找出自己的贏家密碼

◆━ 女王投資金句 ━◆
投資方法見仁見智，最重要是適不適合自己。

1-7
別陷入不切實際
快速致富的美夢

> "要謀求長期且穩定的財富,想要錢滾錢請一步一步來,「慢慢來不會比較慢」。"

隨著日新月異的網路科技,無遠弗屆的網路充滿著各種訊息、知識,這些訊息有真有假,不能完全盡信,特別是投資理財方面,更是充滿各種光怪陸離的傳奇,這就需要投資人明察秋毫懂得分辨謊言與真實了。

現在只要在網路上搜尋關鍵字「股票投資」、「投資理財」等字組,就會出現各種令人嚮往的標題,像是小資族靠本金 10 萬元滾出上億資產,此時人就容易產生投射作用,認為自己一定也能達到如此績效。先不論你能夠付出多少心力在鑽研股市,但內心已經產生「一夕致富」的

錯誤觀念,認為只要付出小資本,1年就能擁有千倍的投資報酬率。

但你曾經想過在股市中年賺上數億元的投資人,他的原始本金是多少嗎?投資什麼樣的商品?

📈 獲利是錯覺 損失才是真實

投資是一場自我的變革,從最初懷抱變成有錢人的願景,到最終取得實際成功,需要經過漫長的過程,過程中不是只有獲利時的喜悅,多的是賠錢時的失意。它需要花時間用心付出,並且有不受到股市上下起伏波動影響的情緒獨立性,持續累積經驗,才能獲得最後的成功。

當然進入股市必須具備判斷真偽的基本能力,若是不能辨別所謂的「合理性」的投資報酬,就容易被各種出神入化的投資績效迷惑。其實,投資報酬率的合理範圍相對主觀,因為會受到不同投資策略、風險承受度,以及市場條件而有所不同。

根據以往的歷史數據統計,通常股票市場的整戶(單一帳戶)年平均投資報酬率大約是 7% ～ 10%,股神巴菲特投資組合的年化投資報酬率為 11.27% 左右,若是遇到

行情大好或是金融風暴,那就會導致年報酬率大幅增加或下降。所以想用本金 10 萬元年賺 1 億元,需要運用高槓桿金融商品,更重要的是還要超級好運才有可能達到此目標。

讓我們來解析投資報酬率這件事,可以分為整戶(單一帳戶)及個股來看,整戶的投資報酬率上一段已說明,讓我們接著看個股的投資報酬率,20 萬元變 100 萬元、40 萬元變 200 萬元在股市屢見不鮮,也不是一件難事,小資族只要選對股票就可以輕鬆獲利翻倍,而且是翻好幾倍。

通常小資族較容易達到獲利翻倍的績效,因為個股資金部位不大,投資報酬率相對高。若將本金拉高至數千萬元,資金部位變大,持股分散,投資報酬率就會降低,這是因為風險分散的關係。舉例來說,如果你有數千萬元本金,你不會也不敢重押單一個股,會擔心一次就慘賠;但若你只有幾十萬元本金,可能只買 3 檔中低價股,當選對趨勢股票當然就能嘗到股價高飛的結果。

看到這裡是否能輕易判斷投資報酬的合理性了?再以存股族經常挑選殖利率 5% 的股票為例,若想要年獲利

500 萬元，以年化報酬率 5% 計算，則需要先準備新台幣 1 億元，你若有 1 億元的資金，可能已經是股市大戶了。所以，當下次在網路或者報章雜誌上，看到小資族股票投資年賺上億的標題時，心中就要評估是否是你也能執行的方式。

想要錢滾錢請按部就班

投資不是一場短暫的追逐遊戲，特別是在這個時時追求滿足和快速回報的年代，非常容易使人陷入追逐短期利益的陷阱之中，然而真正的投資不應該只是為了追求快錢，而是要謀求長期且穩定的財富，想要錢滾錢請一步一步來，「慢慢來不會比較慢」！

投資理財真的急不得，除了要付出時間和金錢，更重要的是正確的理財觀念、穩健的投資心態、明確且果斷的執行力，以及建立健全的資產配置策略，才可以在股市永保安康。

一、正確的理財觀念

學習理財知識及投資方法，訓練自己有相關財經知識及概念，以便理解金融市場的運作，保持獨立判斷的金頭

腦，避免人云亦云、盲目跟隨市場熱潮，同時要對投資方法有信念，不輕易更改投資策略，追逐短期利益。

二、穩健的投資心態

投資的目的是建立被動收入、持續增長的財富，可以為投資人帶來財務安全感，所以具備穩健的投資心態是關鍵。投資最困難的部分其實是「心性」，人類心思很複雜，加上每個人的教育、生活環境等各方面條件不同，看待投資的觀點就不一樣，更不用說恐懼、貪婪等人性弱點在股市表露無遺。所以，擁有穩健的投資心態才能從容面對各種挑戰。

三、明確且果斷的執行力

金融市場具有波動性和不確定性，投資人一旦進入股市就要有風險意識，當風險來臨時，請先出場續命。股市最怕感情豐沛的投資人，和股票談戀愛，該分手不分手，往往是自己重傷，變成傷心的人更傷心。明確且果斷的執行力指的是停損的勇氣，承認自己的錯誤，截斷損失才有東山再起的機會。

四、健全的資產配置策略

許多人對於投資理財都沒有資產配置的概念，把所有

的本金投注在同一種投資工具，本金有可能一次就賠光。資產配置主要是幫助投資人在投資組合中平衡風險和投資回報。舉例來說，當股市不好時，可轉往期貨市場找機會，彌補現股的損失，兩者是互為避險的工具。

又或者是選擇不同的資產類別，例如債券、不動產、保險、現金等，目的都是為了分散風險，以有限的風險，創造持續增長的財富。資產配置工具的選擇是依據投資人的風險承受能力和目標而定，年輕人可能願意承擔較高的風險來追求財富，而退休族則會更注重資產的保值和穩定收入。

股市永遠充滿選擇和機運，選擇當個聰明的投資人，不要輕易追逐市場中譁眾取寵的獲利成績，試著以理性且客觀的方式去分析真實性，同時要考慮風險，在追求投資回報時請不要過度貪婪。適度、合理、長久堅持的投資操作，終有一天能看到開花結果的豐盛。

◆ 女王投資金句 ◆
投資沒有穩賺不賠，要有計劃地用大賺小賠來累積收益。

第
2
章

掌握四大法寶
股市進退有據

「超簡單投資法」採取順勢操作，
跟隨大盤趨勢向前進，
在順勢的道路尋找機會，
當你抓住機會搭上趨勢列車，
那就是獲利的開始。

極簡投資
Simple Investing

2-1
每個人都適用的
「超簡單投資法」

"化繁為簡將複雜的技術指標融合，精簡為「四大法寶」
——均線、趨勢線、型態、成交量。"

我出生在交易世家，父母親是生意人，也是全程參與台股的資深股民，從小受到他們深厚的影響，小學開始每天聽著收音機裡的股市報價、看財經報紙，幫忙畫趨勢線和型態等，研究股票是我們家的親子時間。爸媽是引我入門的投資導師，希望我能在股市中致勝，更直接安排我進入券商工作。

在券商上班初期我擔任櫃台人員，每天負責張貼各大財經報紙以及協助開戶是主要工作，因為公司會不定期進行職務輪調，前後歷練過營業櫃台的出納、信用、集保、

打單等工作，最後更被指派至業務單位，就這樣開啟我的當沖交易之路。

為了業績 培養自己成為交易大戶

對我而言，業務是一個充滿新奇的挑戰，我默默觀察同事的業績來源，發現不外乎就兩種，一是大量開發客戶，另一個就是靠自己當沖交易。初期曾努力嘗試開發新客戶，但是因為年紀輕不容易受到信任，所以不管我怎麼努力還是徒勞無功，因為多數投資人喜歡找資深業務員服務。可是又有業績壓力怎麼辦？

於是，心想與其開發客源，何不乾脆把自己培養成交易大戶，這樣既可以不用看別人臉色，業績也能達標，又可以領業績獎金。

初上營業台的我，年輕氣盛衝勁十足，不僅業績快速達標更超前進度，實現交易大戶的願望。現在回頭看自己這段初生之犢不畏虎的過往，簡直是一個瘋狂的職業賭徒，當年股市的時空背景處於大多頭，怎麼買就怎麼賺，我天真地以為交易能就此一帆風順，只要無時無刻緊盯盤勢，找到有題材、有波動、有買盤的股票，大膽地進行當

沖交易，長期執行就能步上發達之路。

當沖曾是最熱愛的交易方式

當時我每天早上7點半就坐在營業台前，開例行早會、閱讀工商時報、經濟日報等財經新聞，上網查看全球股匯市的漲跌狀況，8點45分期貨開盤開始交易，9點緊接著交易現貨，到下午1點半收盤前，我幾乎不會離開座位，深怕錯失任何一個市場機會，手指也從沒有停止交易過。

為了當沖交易，我不計成本、忽視風險，高頻率地瘋狂下單，連公司的經理人都形容我是一個走在鋼索上的人。熱衷於金融市場的我是一個超級熱血的交易人，喜歡和市場行情共舞，每天沉浸在紅紅綠綠的數字之間，看著數字上上下下跳動不停的變化，享受它帶來收入的樂趣，這就是我的當沖生活，

在營業大廳十多個年頭，每天的工作就是交易，當沖是最主要的交易策略，只要在股市開盤的4個半小時之內，找到進場機會以大單買進賺取價差，一天的工作任務就算完成。「今日事、今日畢」，不用承擔收盤後市場任何消

息帶來的影響，沒有庫存虧損的風險，對於當時的我而言，每天都是新的開始，非常享受每天都有快錢的成就感。

🔄 不想再當股市打工仔

當沖交易曾經是我的最愛，是什麼原因讓我想與之分手呢？我想「大盤翻臉不認人」是主要原因，而且大盤翻臉的速度之快，說變就變沒在客氣，經常讓投資人措手不及，無從因應的結果就是賠錢收場。

當沖交易禁不起市場的劇烈變動，原本長期賺取的獲利會在短期內全數回吐，到頭來才驚覺自己只是繳了很多證交稅的股市打工仔，有一種「為誰辛苦為誰忙」的感慨。無時無刻盯著大盤，緊繃的神經無法放鬆，生活作息更是一團混亂，嚴重影響身體健康。

但是也感謝過去當沖的日子，大量當沖交易使我累積豐富的經驗值，做中學、學中做，從交易過程中發現問題、解決問題，對於技術分析有更深的領悟。透過手繪 K 棒、趨勢、研究台股歷年走勢，檢視自己的每筆交易紀錄、鑽研國外的理財書，終於打造出專屬於自己的「超簡單投資法」。

 「超簡單投資法」真的不簡單

　　到底何謂「超簡單投資法」？這個投資方法主要採用市場的量價關係和技術分析指標，化繁為簡將複雜的技術指標融合，精簡為「四大法寶」——均線、趨勢線、型態、成交量。只要掌握好這 4 項技術指標，就能幫助投資人找到相對強勢股、潛力股，不用過多的技術花招，一招就能勝過百百招。

　　這套方法是運用技術分析的原理，去蕪存菁後所得到的結果，四大法寶每一法寶都有它獨特優勢，但集結運用力量更大。均線、趨勢線、型態、成交量這 4 項技術指標是技術分析的核心，綜合判斷就能夠以最有效率的方式快速判斷股票市場走勢。超簡單投資法希望投資人優雅自在投資，做有效率的事，把時間浪費在其他的美好事物上，而不是因為投資把自己搞的暈頭轉向。

　　超簡單投資法最大的特質，是交易邏輯相當易懂好理解，適合大多數的投資人。不論是時間有限的上班族、初入股市的新手、還是喜歡波段交易的大戶，都能輕鬆學會，要怎麼運用，會在後面章節詳細說明。

　　我以「四大法寶」為核心選股原則，再將過往身經百

戰、千錘百鍊的實戰經驗，打造出「強棒旺旺來」以及「長線聚寶盆 Plus」兩大選股工具，它們彷彿是電腦版的林恩如，透過人工智慧將我的選股邏輯編碼成程式語言。這兩個選股工具，可以幫助更多的股市新手、甚至是股市老手，在市場上快速找到符合條件的標的。

🌀 順勢操作才能有無限利潤

現在處於 AI 的時代，各個領域都朝向數位化前進，股市投資也需要進化升級。以前的年代沒有電腦，投資人都是透過人工作業處理，手寫紀錄、手繪 K 棒、手畫型態等手工進行；現在是網路世代，只要上網便知天下事，選股當然可以透過大數據應用，提高選股效率，不用再花費過多時間去尋找標的，選股工具已經幫你篩選出來，只要再以「四大法寶」進行判斷，設好停損點就能進場參與。

「超簡單投資法」採取順勢操作，跟隨大盤趨勢向前進，在順勢的道路尋找機會，當你抓住機會搭上趨勢列車，那就是獲利的開始。這與「站在風口上，豬都會飛」的概念相同，當你將風險控制在可接受範圍，自然不害怕賠錢，但若跟上趨勢就有可能賺取大利潤，最終達到「大賺小賠」

的目標。

　　真實可行且可被複製的投資方法，經得起市場的考驗，「超簡單投資法」就是樸實無華，但千真萬確能創造獲利的投資方法。

◆ 女王投資金句 ◆

**只要學好四大法寶，便已掌握 8 成獲利關鍵，
何必再花太多的力氣去學習其他的技術分析指標？**

2-2
學好均線
秒判多空

"過度頻繁進出市場,容易受賺賠影響,對盤勢動向猶豫不決,
不僅沒有獲利,又影響心情,最終會喪失信心不敢再進場"

均線是最受到大家喜愛及實用的技術分析指標,選股時的標準配備,也是許多投資新手入門的技術指標之一。

移動平均線(Moving Average,MA),簡稱「均線」,是由美國投資專家葛蘭碧(Joseph Granville)所提出,是依據某一段時間的收盤價格,所計算出來的平均值。不同期間的均線,代表不同時間的趨勢方向,簡單來說,就是指過去一段時間市場的「平均收盤價格」,所形成的一條平滑曲線,方便投資人觀察股價的變化。

均線計算方式

依照某一期間的收盤價格所計算的平均值

公式＝ N 天收盤價的加總 ÷ N

例如：20 日移動平均線＝ 20 日收盤價的加總 ÷ 20

日期	8月16日	8月17日	8月18日	8月21日	8月22日	8月23日	8月24日	8月25日	8月28日	8月29日
收盤價	68.4	69.8	70.2	70.8	71.1	69.7	70.5	70.3	68.2	69.2
日期	8月30日	8月31日	9月1日	9月4日	9月5日	9月6日	9月7日	9月8日	9月11日	9月12日
收盤價	68.7	70.4	70.8	70	71	71.4	71.8	71.9	70	72.3

20日移動平均線＝20日收盤價加總÷20＝70.33元

投資人最常使用的均線

　　一般投資人較常使用的均線，包括 3 日線、5 日線（週線）、10 日線（雙週線）、20 日線（月線）、60 日線（季線）、120 日線（半年線）、240 日線（年線），依照數字天數的大小，區分為短、中、長週期的均線。

　　交易週期短的「短線」投資人會選擇 3 日線、5 日線，交易週期適中的「中線」投資人會選擇 20 日線、60 日線，而交易週期偏長的「長線」投資人，則會選擇 120 日線、240 日線作為參考依據，交易週期越短對於股價的波動就越敏感，建議投資人選擇中長線投資較為穩健。

5 日線均線表現

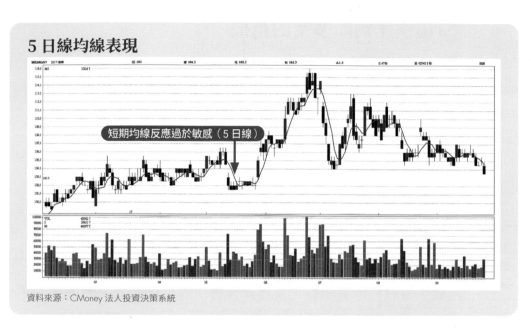

短期均線反應過於敏感（5 日線）

資料來源：CMoney 法人投資決策系統

20 日線均線表現

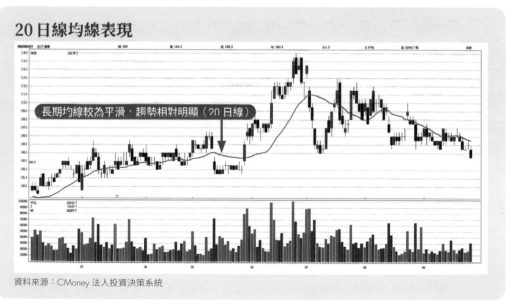

長期均線較為平滑，趨勢相對明顯（20 日線）

資料來源：CMoney 法人投資決策系統

🔄 最快速判斷多空的指標

在眾多技術分析指標中，均線的運用最簡單也最快速，投資人可以利用均線來判斷目前行情的多空趨勢。

「超簡單投資法」選擇週線圖的週20MA為均線指標，判斷行情是偏多、還是偏空走勢，當K棒的收盤價站上週20MA之上，行情偏多看待；反之，當K棒的收盤價在週20MA之下，則行情偏空看待。

均線是很多投資人會運用的技術分析指標之一，有些投資人會自行定義參數，選擇適合自己的交易週期。市場上有許多相似的均線戰法，看起來有點像又不一樣，例如：運用7日線取代5日線，或是運用18日或22日平均線取代20日線等，其實只是數值上的差別。這些不同參數的均線，運用概念都大同小異，均線的參數並沒有哪一種數值是最好的，最重要的是選擇自己最適用的均線，用起來得心應手，讓交易更加順暢。

🔄 長週期的均線穩定度高

多數投資人在看均線時，其參考的週期都過於短暫，不停地跟著市場短期價格的波動起伏，頻繁進出變成過度參與

市場,卻沒找出市場的長期趨勢,像是井底之蛙只看到眼前的變化,卻不知道水井之外有多寬闊。過度頻繁進出市場,投資人容易因為盤勢變化而心理產生糾結,不僅沒有賺到獲利,同時也影響心情,最終會喪失信心不敢再進場。

　　超簡單投資法以中長期趨勢波段為交易主軸,所以採用中長期的均線為主,利用週線圖的週 20 均線,作為進出場的基本依據。均線就好比是多空方向檢測儀,投資人只要利用不同週期均線的數值,就可以非常直觀看出短中長期市場的多空方向。

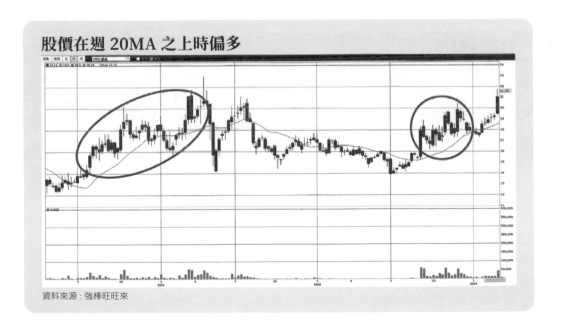

股價在週 20MA 之上時偏多

資料來源:強棒旺旺來

⬈ 長線保護短線

　　短線投資人可以利用觀察「日線圖」中，日 20MA 和日 100MA 作為參考的依據，日 20MA 和日 100MA 兩條均線，可以看出月線和約半年線的價格變化。長線投資人則可以利用「週線圖」中的週 20MA 和週 100MA 進而判斷趨勢方向。

　　長週期均線的走勢和短週期均線相比，曲線相對平滑，穩定度較高、趨勢也更加明顯，所以選擇長週期均線作為參考的指標，更能清楚看出股價的趨勢方向。股票操作若進出有根據，就像船隻定錨，不用擔心在茫茫股海中沒有方向。

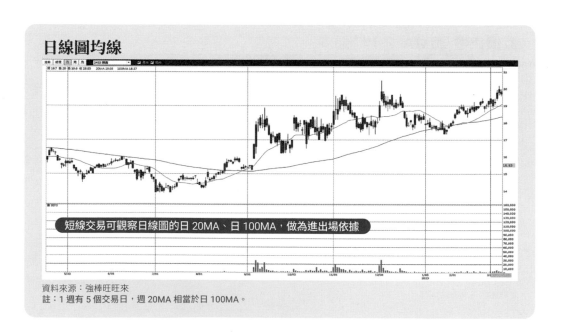

日線圖均線

短線交易可觀察日線圖的日 20MA、日 100MA，做為進出場依據

資料來源：強棒旺旺來
註：1 週有 5 個交易日，週 20MA 相當於日 100MA。

週線圖均線

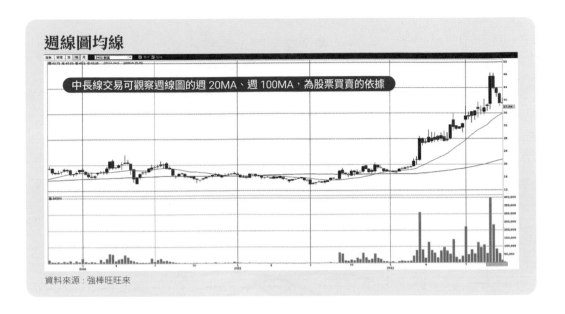

中長線交易可觀察週線圖的週 20MA、週 100MA，為股票買賣的依據

資料來源：強棒旺旺來

📈 均線的運用

在日線圖中，若僅使用單一均線不容易看出長期趨勢，導致投資人無法同時客觀判斷長短週期行情走勢，建議至少使用兩條不同參數的均線，相互比對。在 K 線圖中可同時看出長短期市場的方向，超簡單投資法的 K 線圖是以 20 及 100 兩個參數，運用在日線圖或週線圖，日 20MA 代表市場短期的趨勢，日 100MA 為市場長期的趨勢，當短天期均線（20MA）向上穿越長天期均線（100MA）呈現黃金交叉時，容易有多頭趨勢行情發生。反之則稱為死亡交叉。

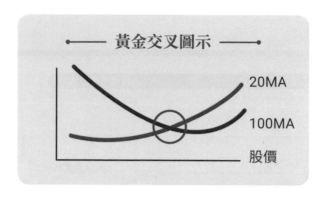

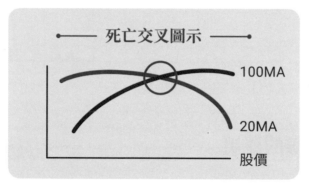

🔵 運用兩條均線的組合 看懂市場長短趨勢

　　均線是技術分析中，最簡易判斷趨勢的指標，投資人若是想要擺脫輸家的宿命，一定要學會看懂市場趨勢。

　　市場趨勢主要區分 3 種：多頭趨勢、空頭趨勢、盤整趨勢，可以利用長短週期的均線組合，判別主要趨勢和次要趨勢。從均線的排列組合中，解析市場的動態方向，例

如均線的多頭排列、黃金交叉,代表行情走多頭趨勢,主要交易策略為站在多方;反之,均線呈現空頭排列、死亡交叉,代表行情走空頭趨勢,主要交易策略為站在空方。均線糾結則是長短週期的均線纏繞在一起,代表市場尚未走出方向,應等待市場表態後再進行決策。

超簡單投資法利用兩條均線判斷當下市場的趨勢方向,也將趨勢做成大盤的紅綠燈,紅燈代表多方、黃燈代表多空交手的盤整、綠燈則是空方。

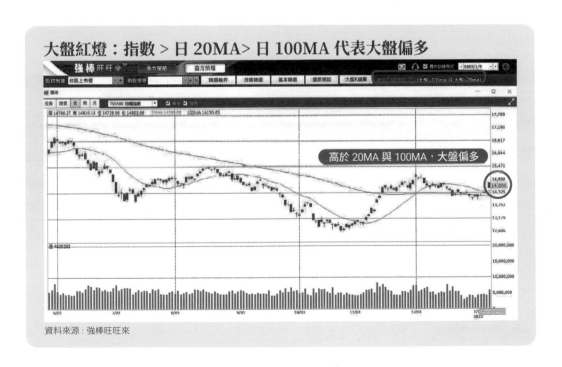

大盤紅燈:指數 > 日 20MA > 日 100MA 代表大盤偏多

資料來源:強棒旺旺來

大盤綠燈：指數 < 日 20MA < 日 100MA 代表大盤偏空

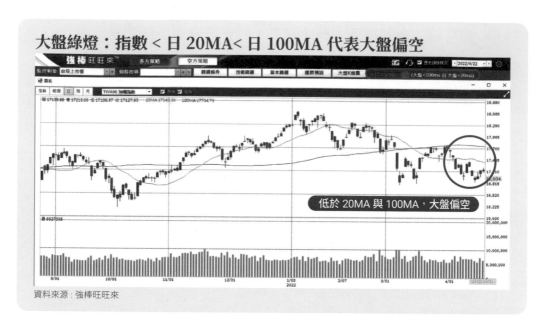

低於 20MA 與 100MA，大盤偏空

資料來源：強棒旺旺來

大盤黃燈：日 20MA < 指數 > 日 100MA 代表大盤偏整理

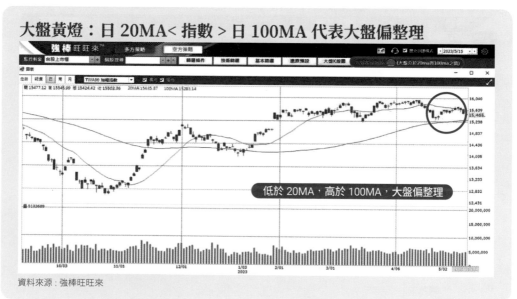

低於 20MA，高於 100MA，大盤偏整理

資料來源：強棒旺旺來

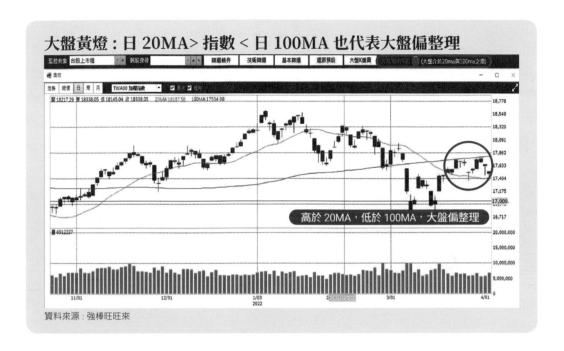

大盤黃燈：日 20MA> 指數 < 日 100MA 也代表大盤偏整理

高於 20MA，低於 100MA，大盤偏整理

資料來源：強棒旺旺來

　　認識兩條均線的運用方式之後，投資人就可依照自己的投資喜好、風險承受度，選擇適合的投資策略。日 20MA 是短期趨勢的參考指標，風險承受度小的投資人，可以選擇日 20MA 作為停損點。

　　超簡單投資法除了運用均線判斷多空之外，仍需要搭配其他三大法寶，包括趨勢線、型態、成交量等 3 個指標，投資人只要懂得善用市場上最真實的數據，就能在市場上立於不敗之地。

2-3
想要獲利
就要跟著「趨勢線」走

> "投資人要想盡辦法學會掌握趨勢的行蹤，找到它之後不要與之抗衡，務必和它並肩向前行，才能從圖中找到黃金屋。"

踏入股市多年，經歷過無數次的多空循環洗禮，我從每次循環中體悟到一件事，那就是「趨勢」的重要性。很多人會用「股海」來形容股市，大海有潮水、海浪，前仆後繼不停歇，股市也是一個永不休止的場域，只要有人買賣就永遠營業中。

而「趨勢」就像是大海中的潮水，時而漲時而退，朝夕不斷更迭著。有時候它會是一股強勁的浪潮迎面席捲而來，勢不可擋的力量，讓人們無法抗拒；有時又像是破碎的浪花，輕盈而短暫，給人瞬息萬變的感覺。

　　到底是什麼因素造就這股強勁的「趨勢」，其實不需要深入探究和過度解讀，因為有太多原因塑造這股看不見的力量，引領股民們朝著某個方向前進。股民就是航海者，需要應對股海的變幻莫測，靠的是順應氣象、正確信念，以及靈活的投資策略，才能在趨勢浪潮上有所斬穫。

什麼是趨勢線？

　　趨勢線顧名思義就是用來判斷「趨勢」的線，是一條或多條畫在 K 線圖上的線，也稱之為切線、支撐線、阻力線、壓力線、軌道線。投資人透過它觀察股價在某一段時間的運行方向，輔助投資人判別市場趨勢的持續或趨勢的反轉，依個人喜好選擇運用方式。它和均線、K 棒相輔相成，而趨勢線的基礎是以 K 棒的點作為連結，可繪出 3 種不同盤勢的趨勢線，分別為上升趨勢線、下降壓力線及橫向趨勢線。

　　趨勢線的畫法其實很簡單，只要找出 K 棒的高點或低點相連，就能畫出一條判斷趨勢延續或轉折的線。具體來說，趨勢線是以 K 棒的高點或低點所繪製而成的線，而且點和點之間不能同時壓到多根 K 棒，有效的趨勢線在圖上

會呈現分明。不過,若遇到無法畫出趨勢線的標的也無需勉強,千萬不要為了畫而畫,並不是每一檔標的都能順利畫出完美的趨勢線。畫不出趨勢線的股票,走勢肯定非常凌亂,不具規則沒有趨勢可依循,代表這一檔股票不具備強勢股的潛力。

以下分別就 3 種趨勢線進一步說明:

上升趨勢線 判斷多方趨勢

「上升趨勢線」的畫法是找出過去上漲過程某一段時間,股價的兩個低點,兩點相連向上延伸的線,簡單來說就是將波段的低點相連。當股價持續沿著上升趨勢線方向運行,代表此檔股票的走勢有連續且處在上升趨勢中,股價持續走高,多頭趨勢沒有改變;反之,當股價跌破上升趨勢線時,意謂著多頭行情宣告結束。

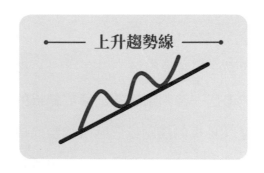

指數在上升趨勢線之上 多頭行情持續

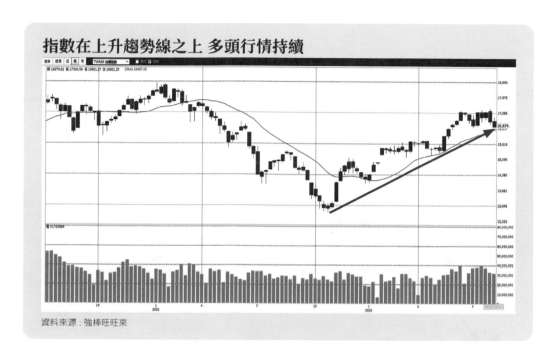

資料來源：強棒旺旺來

下降趨勢線 判斷空方趨勢

　　「下降趨勢線」的畫法是找出在過去下跌過程某一段時間，股價的兩個高點，兩點相連向下延伸的線，簡單來說就是將波段高點相連。

　　當股價持續沿著下降趨勢線方向運行，代表此檔股票的走勢有連續，且是處在下跌趨勢中，股價一直在破底，空頭趨勢沒有改變；反之，當下降壓力線被突破時也意謂著空頭行情宣告結束。

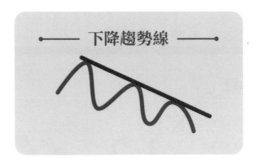

指數在下降壓力線之下 空頭行情持續

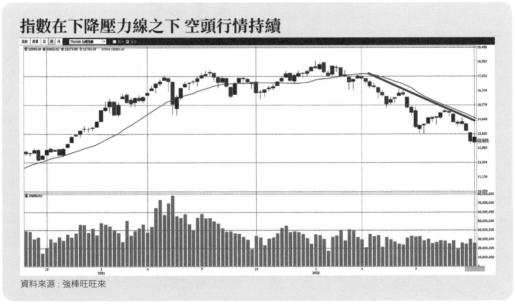

資料來源：強棒旺旺來

橫向趨勢線 判斷盤整走勢

　　「橫向趨勢線」的畫法是找出過去某一段時間，股價的兩個高點及兩個低點，上下區間分兩點相連水平延伸的線。當股價持續沿著上下兩條橫向趨勢線方向運行，代表

此股票正處在盤整階段，並沒有明顯的方向，在行情尚未走出來之前，投資人應靜待其變，等待盤整震盪之後的行情。大盤有 7 成以上的時間都是處於盤整階段，相信大家對於這種股票圖形不會太陌生。

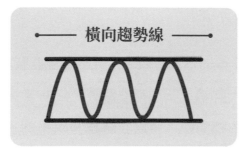

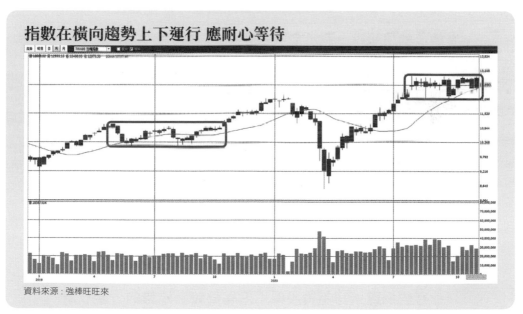

指數在橫向趨勢上下運行 應耐心等待

資料來源：強棒旺旺來

📈 畫出恰到好處的趨勢線 需要練習

　　以上說明 3 種趨勢線的畫法，畫法非常簡單，但是若不懂它實際的定義及詳細的畫法，就無法發揮趨勢線強大的功能。因為，每個人在繪製趨勢線時所選取的起迄點時間不同，所以不會完全相同，但長期趨勢方向會是一致。

　　趨勢線要畫的恰到好處，時機點是重要關鍵。太早畫、太晚畫或是太陡峭，圖形都沒意義，沒有掌握到關鍵是無法畫出有效的趨勢線，所以我將趨勢線視為超簡單投資法中最重要的靈魂，需要透過大量的練習，才能畫出具有參考價值的趨勢線，洞悉市場先機。

📈 畫對趨勢線 獲利自然來

　　無論是大自然現象或是生活中的事物，萬事萬物都有趨勢的因子存在，一旦趨勢確立，市場的價格將會保持當前的趨勢持續進行。而投資人要想盡辦法學會掌握趨勢的行蹤，找到它之後不要與之抗衡，勢必和它並肩向前行，才能從圖中找到黃金屋。

　　有些投資人認為買股票「追高低殺」是錯的，要「低

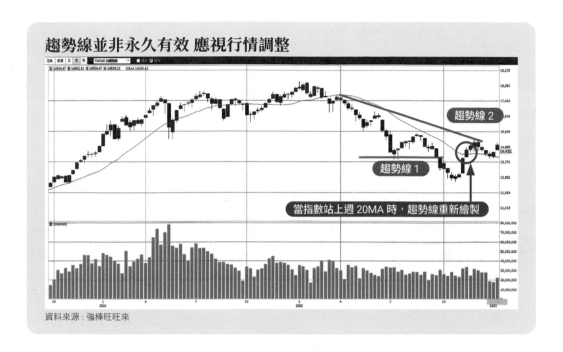

趨勢線並非永久有效 應視行情調整

趨勢線 2

趨勢線 1

當指數站上週 20MA 時，趨勢線重新繪製

資料來源：強棒旺旺來

買高賣」才對，其實這是兩組不同的策略，追高殺低是屬
於順勢策略，低買高賣則是逆勢交易策略，順勢和逆勢交
易各有支持者，應依自己的交易喜好選擇。順勢交易並不
是追求買在最低點，賣在最高低點，而是買在相對的低點
和賣在相對的高點，獲取適當的合理報酬。

◆ 女王投資金句 ◆

魚頭充滿了魚骨刺，魚尾的肉又不多，
魚身是最肥美飽滿的那一段。

趨勢線是一條具有時效性的線，並不是永久有效，所以，當股價突破或跌破週20MA均線之後，代表多空易位行情重新整理，原本的趨勢線立即失效，必須要等到股價回穩，再度站上週20MA再重新繪製。記住，有效的趨勢線才有意義！

2-4
型態百百種
看得懂才是最重要的

> "型態和趨勢線在圖形分析中，比較偏向投資人的個人主觀意識，需要透過經驗值的累積，才能逐漸上手、判讀正確。"

「超簡單投資法」倡導的是生活交易，許多投資觀念與交易心態都和人生道理相通，一點都不違和也完全符合人性。台灣諺語有一句話說「一理通，萬理徹」，意思是說在明白基本道理之後，其他的竅門都懂了，融會貫通之意。股票交易多數都是人性關卡需要克服，當遇到困難時，想想相似的生活經驗，或許就能迎刃而解，增進投資實力。

前面章節依序說明了四大法寶中的均線、趨勢線，這一章節要介紹第 3 個法寶「型態」，前面以股海潮汐說明

「趨勢線」，這裡要以天空中的雲彩比喻股市型態學。通常依據觀察雲層變化和雲朵形狀，我們能夠掌握天氣變化的趨勢，舉例來說，天空中會出現積狀雲、層狀雲、卷狀雲等形狀，當出現特定型態的雲朵，代表即將到來的颱風，或是萬里晴空的好天氣。

同樣道理，股票型態也是透過股價走勢形成的線圖模式，提供一種解讀市場趨勢的方法，輔助投資人在交易決策中獲得更多的參考依據。然後，就如同預測天氣一樣，型態無法單一看待，它需要綜合多方考量，才能有更精準的市場分析。

能夠簡單何必複雜？

型態學是研究股票走勢的一門學問，其核心理念在於透過分析歷史股價線圖，尋找出現過的特定「長相」，以作為未來股票走勢的參考依據。

過去多年豐富的當沖經驗，讓我養成解讀大量資訊的習慣，每當觀察市場訊息時，我會以全面觀點作為優先考量。以觀察 K 棒來說，我偏好觀看一段時間的 K 棒，而不是單獨一根 K 棒，因為，當多根 K 棒聚集一起時，就不難

發現市場有它運行的軌跡，在趨勢方向形成之前，會由很多根紅、黑 K 棒組合成型態。

　　看到這些紅紅綠綠的 K 棒，不同人會有不同看法，但在我眼中股票的型態卻只有 3 種，因為大部分的型態，包括一字底、圓弧底、頭肩頂、三角型態、旗型、楔型等，都是從 W 底型態、M 頭型態、盤整型態等 3 種基本型態延伸而來，所以我將所有型態全都歸納在 3 種型態之中。

📈 什麼是型態？

　　型態是在某一段時間中，由股價走勢的 K 棒組合而成，每一種型態代表著不同的訊息，投資人可以藉由趨勢線、型態和均線，進行判斷市場行情的多空趨勢。以下分別介紹 3 種股市常見的型態，包括 W 底型態、M 頭型態、盤整型態。

W 底型態代表多方

　　首先介紹 W 底型態，通常會出現在底部階段，由多根 K 棒組合成看起來像英文字母「W」的樣態，所以有 W 底之稱，也可以說是由兩個「V」所組成。第一個 V 的低點是指第一個底，當第二個 V 的低點沒有跌破第一個 V 的低

型態指某一段期間內由多根 K 棒組成 呈現出特定的樣態

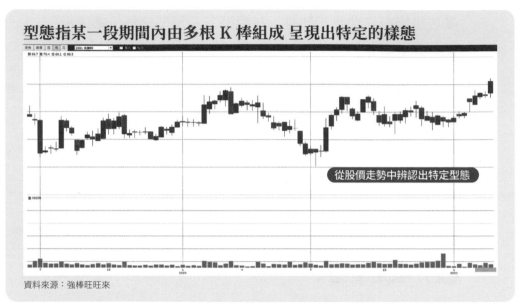

從股價走勢中辨認出特定型態

資料來源：強棒旺旺來

「底底高、峰峰高」是 W 底型態的六字真言

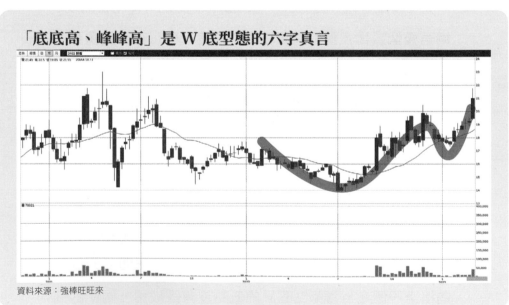

資料來源：強棒旺旺來

點，圖形呈現左低右高的狀態，又稱為雙重底，「底底高、峰峰高」是 W 底型態的六字口訣。另外，需要和均線同時運用才有意義，當股價站上週 20MA，突破趨勢線，且出現完整的 W 型態時，意謂未來股價有機會出現一波漲勢，投資人可以伺機布局多單。

M 頭型態代表空方

　　M 頭型態與 W 底型態剛好相反，屬於空方的型態，出現在頭部階段，由多根 K 棒組合成看起來像英文字母「M」，所以有 M 頭之稱，也可以說是由二個「∧」所組成。第一個 ∧ 指的是第一個高點，當第二個高點沒有超過第一個高點，圖形呈現左高右低的狀態，又稱雙重頂，「峰峰低、底底低」是 M 頭型態的口訣。同樣的型態需要和均線同時運用，當股價跌破週 20MA，跌破趨勢線，且出現完整的 M 頭型態時，意謂未來股價可能會出現一波跌勢，投資人應獲利了結出清多單持股，或者進行放空。

箱型型態代表盤整

　　除了 W 底型態、M 頭型態之外，股票走勢最常出現的是整理階段，從圖中可以很明確看到多根 K 棒在某一區間內不上不下，看漲不漲看跌又不跌的現象，價格停留在某

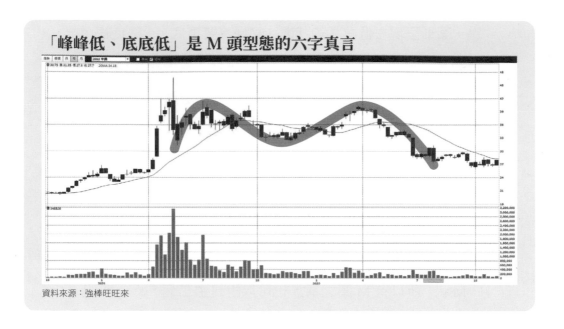

「峰峰低、底底低」是 M 頭型態的六字真言

資料來源：強棒旺旺來

一個範圍內，沒有出現明顯的漲跌幅，「高不過高、低不過低」就是所謂的箱型整理，也稱橫盤整理。對於盤整階段，投資人應耐心等待，等到整理完畢出現方向後再進行決策。

根據回測數據來看，股價走勢大多數的時候都是屬於箱型整理階段，這個階段的股價幾乎沒有什麼特別的表現，若在這個區間頻繁進行交易，獲利有限，因此最好還是耐心等待趨勢出現再進場。

「W 底」和「M 頭」在型態學中是多空的對照組，2

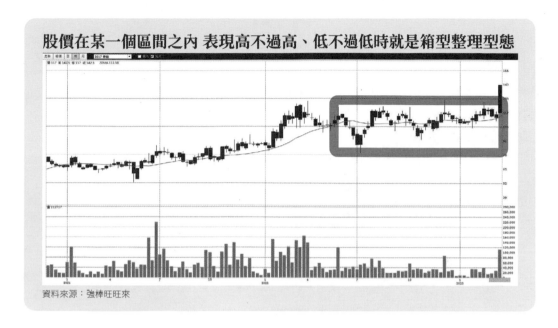

股價在某一個區間之內 表現高不過高、低不過低時就是箱型整理型態

資料來源：強棒旺旺來

種應用方法完全相反，型態學必須與週 20 均線同時運用，效果才能彰顯，W 底和 M 底就差在多空一線間而已。型態和趨勢線在圖形分析中，比較偏向投資人的個人主觀意識，需要透過經驗值的累積，才能逐漸上手、判讀正確。

　　總而言之，所有技術指標都不是萬能的預測工具，只能以輔助分析的角色看待，必須要結合其他技術指標一起研判。在應用型態學時，需留意風險管理，保持良好的風險收益比（潛在獲利與潛在損失的比例），以謹慎態度獲得更全面的市場洞察，以實現更穩健的投資表現。

2-5
成交量是解讀
股票交易活力的關鍵指標

> "投資人如果沒有深入了解市場趨勢,對量價一知半解,那麼
> 這些都只是試圖在股價運行中找出對照投射的理由而已。"

和大家分享一個小故事,在遠方小鎮上有個當地居民購買生活糧食都會去的傳統市場,這裡同時也是附近農村居民交易農產品的市集,每到週日上午,農民們都會帶著豐收的農作物聚集在市場前的廣場叫賣,人聲鼎沸,熱鬧非凡。

有一天,一位名叫查理的果農帶著他栽種的新品種水蜜桃來到市集販售,他的水蜜桃果實飽滿、香甜多汁,吸引眾人目光,造成民眾的熱情搶購。此時來了一台裝載各式新奇物品的馬車,受到更多人注目,馬車商人眼光獨到,他留意到查理的水蜜桃受到大家的歡迎。

於是，商人和查理展開一場交易，他們相互討論著價格、進貨數量等，交易過程中，圍觀的民眾對於這場交易議論紛紛。隨著交易順利的進行，水蜜桃的成交量也跟著增加，喧囂的市場充滿活力朝氣。這就好像金融市場裡的成交量，它是活絡市場的動力，讓市場充滿無限的可能。

實際的量價才是交易實相

超簡單投資的核心「四大法寶」缺一不可，這個章節介紹最後一個法寶——成交量。成交量（Trading Volume）是指在某一段時間金融市場買方和賣方交易的數量，用來判斷市場交易的活絡度，以及市場參與者的實際情境。單一看成交量不具任何意義，需要同時搭配超簡單投資的其他法寶：均線、趨勢、型態等條件，成交量才具有其參考價值。

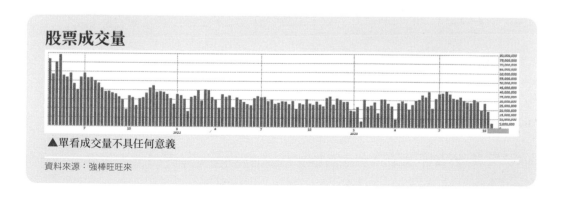

股票成交量

▲單看成交量不具任何意義

資料來源：強棒旺旺來

　　量和價是所有技術指標的根本，完整展現金融市場的
交易狀況，是市場最真實的數據和交易實相。金融市場中
對於「量」的說法有：「量先價行」、「有量就有價」，
指的是量和價的關係密不可分，兩者具有高度的關聯性。
量和價就像是供需關係，當需求大於供給時，市場活絡買
氣旺盛供不應求，價格就會上揚；反之，當需求小於供給
時，市場冷清乏人問津，買氣價格就會下跌；需求等於供
給時市場不溫不火，價格就趨於穩定持平。

賦予意義的量價組合才是關鍵

　　量價關係在技術分析占了非常重要的地位，關於量價
在市場上也眾說紛紜，量價關係更高達十多種不同的組
合，包括量增價漲、量增價跌、量增價平、量縮價漲、量
縮價跌、量縮價平、量平價漲、量平價跌、量平價平、無
量上漲、無量下跌……等。

　　投資人如果沒有深入了解市場趨勢，對量價一知半
解，那麼這些都只是試圖在股價運行中找出對照投射的理
由而已。然而，超簡單投資法在實務上的運用，著重在找
出關鍵進場點，成交量需要同時配合四大法寶找出起漲爆

量的股票。

🔄 站在巨人的肩膀與大戶同行

以前爸爸教我技術分析的時候，經常會用說故事的方式幫助我快速理解讓我記憶深刻，記得他曾經用「大象過河」的故事來比喻投資交易。在金融市場中，投資人經常需要面臨各種變數，包括全球景氣、政治事件、公司業績等，這些變數就如同湍急的河水，對投資人帶來波動和風險。

就像大象過河一樣，投資人要保持冷靜和信念，堅持長期的投資目標和策略，不受市場短期波動影響，最後就像大象成功過河到達對岸，靠的是謹慎的投資策略和堅強的信念，讓投資人最終實現財務目標，獲得穩健的回報。

回到成交量議題，市場上有一群「神祕大戶」會提早布局卡位，當他們一出手，大筆資金流入市場時，成交量就會出現明顯變化。此時投資人可以從 K 線圖中一探究竟，檢視股價所處位階，判斷是否為進場時機。

技術分析上所說的「量增價漲」，意指當股價突破某個區間，市場成交量增加、價格也同樣上漲，可以解讀市

場買氣旺盛，此時具有助漲推升的作用，而這一股推升的
力量也可以視為市場資金動能、資金量能。

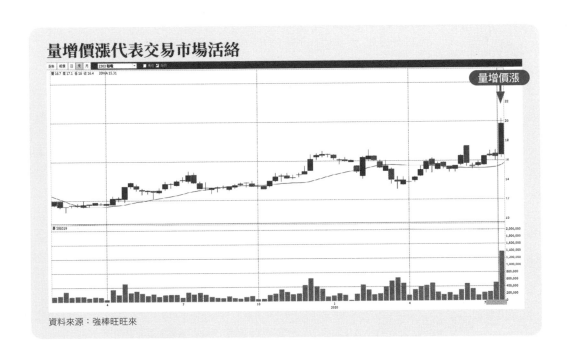

資料來源：強棒旺旺來

　　成交量和均線一樣，依照不同時間長短週期區分為：
5 分鐘、10 分鐘、30 分鐘、60 分鐘、日線圖、週線圖、
月線圖，檢視成交量請以中長週期的「週線圖」為主要判
斷週期，因為分時圖的時間太短，即使出現爆量也僅能看
出大戶在那一小段時間的變化，參考的意義不大。

短週期分時圖的爆量成交量 參考意義不大

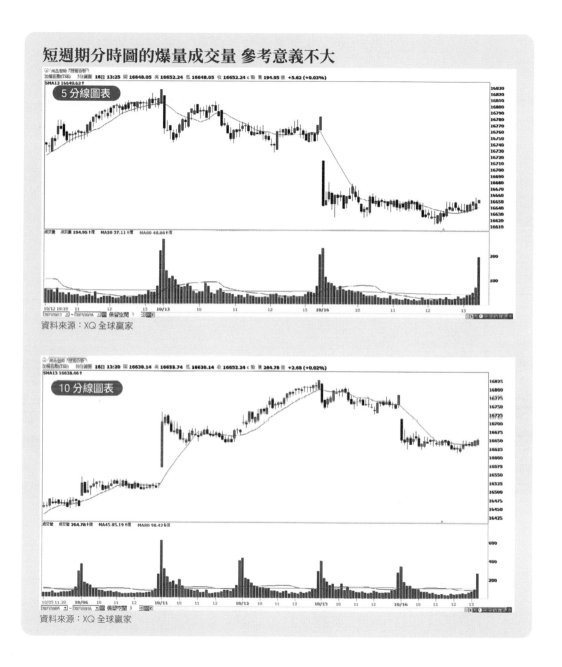

資料來源：XQ 全球贏家

資料來源：XQ 全球贏家

　　若是把視角切換到週期適中的週線圖，即可輕易看出成交量在某一個區間出現量能的變化，當週線出現底部爆量時，同時檢視週 K 線圖，搭配四大法寶，股價站上 20 週均線、突破趨勢線、檢視型態、成交量爆量，嚴設停損綁好安全帶後，投資人可以跟著市場神祕大戶的腳步前進，與大戶同行。

⊘ 市場流通性

　　成交量等同於市場的流通性，不管是長短線交易都要選擇有成交量的股票，成交量大代表市場參與者多、活躍度高，好進好出，買賣流通順暢。成交量太小代表市場參與者少，容易出現流動性風險，導致投資人要賣股票時賣不掉，或者是成交到很不理想的價格。

⊘ 底部爆量與頭部爆量

　　下跌趨勢的過程若出現成交量遞增的現象，應特別留意，此時很有可能是市場趨勢即將出現反轉的徵兆。當股價出現底部爆量，需再搭配其他 3 大法寶判斷，若股價站上週 20MA 又同時出現爆大量，代表市場偏多氣氛濃厚，

成交量小 標的流通性差

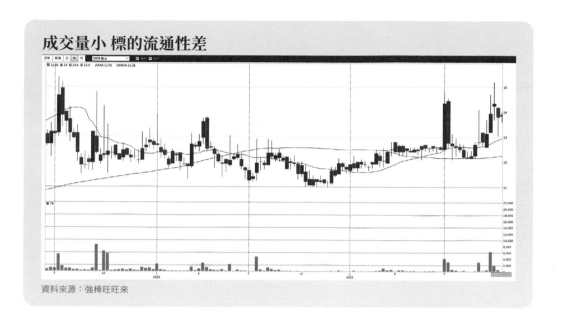

資料來源：強棒旺旺來

　　投資人看好後市，此時也就可能是最佳買進時機。反之，當股價頭部爆量跌破週 20MA，宜搭配其他 3 大法寶做判斷，也很有可能是最佳賣出時機。

　　透過成交量的觀察，我們可以清楚窺見市場的動能，分辨趨勢的強弱，並且及早發現可能的轉折點。然而，成交量和其他技術分析指標一樣，絕對不是萬能的篩選工具，需要配合其他指標分析，綜合考量之下才能發揮作用。

　　總而言之，投資人只要善用成交量資訊做正確的解讀，將有助於做出更為明智的交易決策，提高投資成功的機會。

2-6
就是這麼簡單！
手把手帶你輕鬆選股

> "超簡單投資法的特色就是讓投資變得很簡單又有效率，人人都能學習，花最少時間創造最佳效益。"

多數投資人在踏進金融市場之後，一心一意只想著快速獲利，不在意選股方法，只在意隨便買就一定要立刻飆漲。所以導致進出場茫茫然，沒有準則可循，時而聽小道消息、時而看電視媒體，任何社群所得到的標的，都可以成為買進的股票，這種來路不明的標的，看似天上掉下來的禮物，但實際上是糖果還是毒藥就得看個人的造化。

投資不應該是賭運氣，而是要明白其究竟。任何的投資方法都有其交易的觀點及應遵守的紀律。「超簡單投資法」的交易核心是以技術分析為交易的基礎，再利用金融

市場最真實的量價關係為主軸，從中進行大數據的解析，
我將這些數據命名為「四大法寶」，包括均線、趨勢線、
型態、成交量，以利於投資人方便學習與判斷。對超簡單
投資法有初步認識後，接著就是執行的紀律，知道和做到
必須一致，投資行為要做到知行合一才能在投資路上走的
穩健長久。

選股自己來最靠譜

金融市場的成交量和成交價，是絕對無法造假的交易
實況，請相信眼睛所看到的真實買賣數據。「超簡單投資
法」必須眼見為憑才能出手，主要是利用市場最真實的量
價關係作為根本依據，不需聽信他人主觀的推薦，以自己
看到的股票走勢所形成的 K 線圖形最實在。

一旦看好某一檔心儀的潛力股，也不能隨意進場，依
然要謹守紀律，逐一檢視是否符合四大法寶的條件，簡單
來說就是站上 20 週均線、突破趨勢線、起漲型態、成交量
等，再三確認條件之後才能決定進場與否。

交易有了機械化的標準選股程序，就能擺脫各種無效
資訊的干擾，不會被網路新聞洗腦、不被閒雜人等帶風向，

簡單操作優雅獲利。

🌀 工欲善其事 必先利其器

　　集結多年大量的高頻交易經驗，我將自身所運用的獲利策略轉化為程式語言，為學員精心研發超簡單投資法的專屬選股工具，包括「強棒旺旺來」與「長線聚寶盆Plus」兩大軟體，只要了解每一個法寶的理論基礎後，再打開工具選股，就可以達到事半功倍之效。

　　「工欲善其事，必先利其器」，在擁有強大的工具之後就是練功夫的開始，養成日日看「強棒旺旺來」、週週看「長線聚寶盆 Plus」的好習慣，看股票圖形就是練基本功，累積解析 K 線圖的實力，機會出現時才能洞悉先機，發揮功力超前佈署。

工具 1：「強棒旺旺來」 觀察資金流 找出動能股

「強棒旺旺來」是一套盤中的即時軟體，但盤後也適用，主要是利用每天大盤走勢將市場族群分類，依據股票走勢的表現，以盤中走勢的強度、資金流向、類股作為區分，進而找出趨勢所在。

大趨勢是由市場平日的交易行為所組成，交易風向往哪邊走、市場關注度高、資金流向多的股票都會經常上榜。習慣貼近市場的人，可以天天看「強棒旺旺來」，就可以看到哪一些標的經常上榜，特別是名列前茅的資優生。

接著注意成交量是否夠活絡、均線為多頭排列組合，型態完美，再三確保符合四大法寶條件，就可以採用「進場慢出場快」原則，於每週五收盤前確認心目中屬意的標的，是否有站上週 20 均線、符合多頭趨勢、突破關鍵價、成交量是否達標，經評估風險後再決定是否要進場。

工具 2：「長線聚寶盆 Plus」 四大法寶布局甜蜜趨勢股

「長線聚寶盆 Plus」是盤後的選股工具，主要將超簡

單投資法中的四大法寶，也就是均線、趨勢線、型態、成交量等數據量化而成「星星數」，除了站上週 20 均線為主要策略依據之外，其餘 3 大法寶皆可以用星星數來判斷，分為「看量找動能」、「選型態看趨勢」、「找噴出／回檔」等 3 個項目，每一個項目最多為 2 顆星，累計共 6 顆星。「選星星」概念就如同旅行前的準備，每次出遊前規劃行程、找飯店，我會將各種需求輸入在選飯店的平台，平台就會提供所有符合需求的飯店選擇。

　　我希望傳遞給投資人最簡單且有效的選股方法，所以將「長線聚寶盆 Plus」打造成星級的選股平台，投資人可以依自己的交易偏好與需求進行選股，選股票就像選五星級飯店一樣輕鬆簡單。

　　在學會「強棒旺旺來」及「長線聚寶盆 Plus」工具之後，選到自己心目中的股票，再經仔細評估後就能進場。好股票真的很多，但一般投資人的資金有限，不可能全部都買進，建議持股檔數在 3 ～ 5 檔最為恰當，方便監控以及市場在轉換方向時不會手忙腳亂，讓每一檔虧損可以在承擔範圍內。投資獲利是靠慢慢累積，並不是一次賭身家決勝負，要做好投資計劃。「雞蛋不要全放在同一個籃

「強棒旺旺來」以當日盤勢的表現進行分類

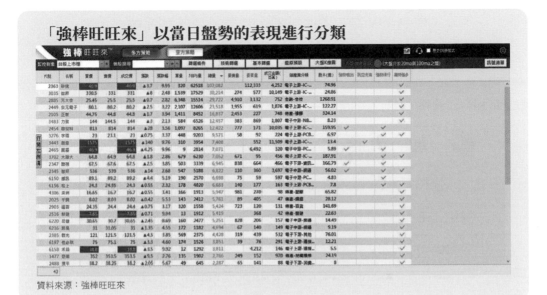

資料來源：強棒旺旺來

「長線聚寶盆 Plus」將四大法寶量化成星星 看星星數選出潛力股超簡單

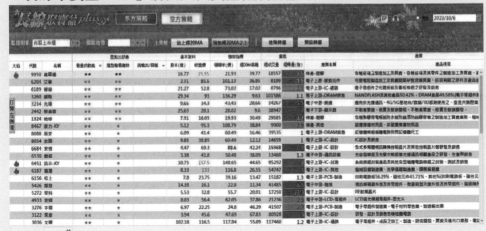

資料來源：長線聚寶盆 Plus

子」，這是大家都知道的道理，交易千萬不要孤注一擲，因為投資不是賭博，資金雄厚的大資族持股檔數可以等比例放大，依照自身的財力調整，以達到分散風險。

一加一大於二

強棒旺旺來的設計邏輯來自於過去我當沖交易的策略模組，長線聚寶盆 Plus 主要是以技術分析中的均線、趨勢線、型態、成交量為主要核心，將數據量化成星星，是長線趨勢波段的概念。如果兩個選股工具相輔相成，符合「長線保護短線原則」，投資人了解使用方式，就更容易找到翻倍的飆股。

下好離手 不盯盤也可以

很多人誤以為投資股票一定要無時無刻地盯著盤面，眼光時刻聚焦在股價跳動，其實這樣看盤，精神真的好累，過度貼近市場只會養成浮躁的投資心態，以為只要看盤，隨時能掌握市場動態，手中的股票就不會賠，但事實並非如此，大盤會走它應走的路。市場走的是大格局，如果眼界太過狹隘，用侷限的眼光看待，就根本看不出所以然。

　　正常的投資行為是進場前經過多方評估，包括本金成數的投入、持股檔數、風險承受度、技術分析的四大法寶檢視等，進場後可以安心的關掉電腦，悠閒自在地過生活，至於交易結果就交給市場決定。會漲的股票不用看，不會漲的股票看了也不會漲！這是我看盤多年總結出來的交易心得，交易前要做足準備，交易後就靜觀其變了，賺錢時持股續抱，當達到所設定的停損價時，請毫不遲疑果斷出場，華爾街有句廣為流傳的投資語錄這樣形容著，「截斷損失，讓利潤奔跑」。

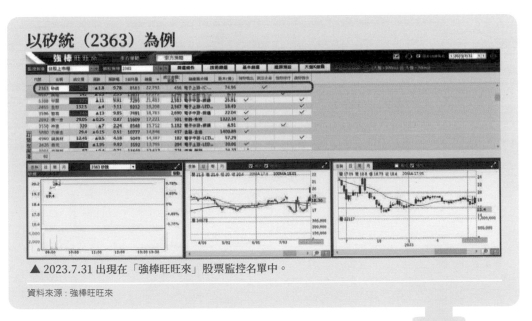

▲ 2023.7.31 出現在「強棒旺旺來」股票監控名單中。

資料來源：強棒旺旺來

接下頁

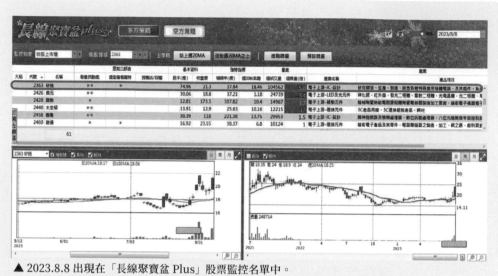

▲ 2023.8.8 出現在「長線聚寶盆 Plus」股票監控名單中。

資料來源：長線聚寶盆 Plus

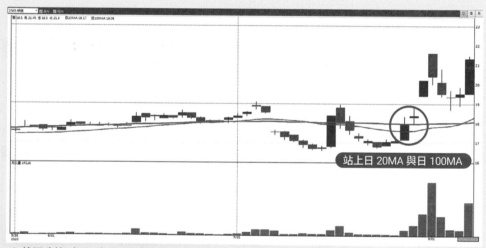

▲ 檢視矽統（2363）日 K 線圖，20MA 及 100MA 是否為多頭排列。

資料來源：長線聚寶盆 Plus

接下頁

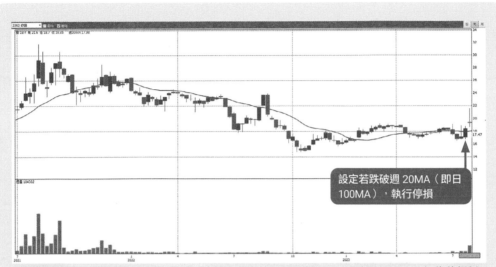

設定若跌破週 20MA（即日 100MA），執行停損

▲ 檢視矽統（2363）週 K 線圖，確認符合四大法寶，設定跌破週 20MA（即日 100MA）為停損價。

資料來源：長線聚寶盆 Plus

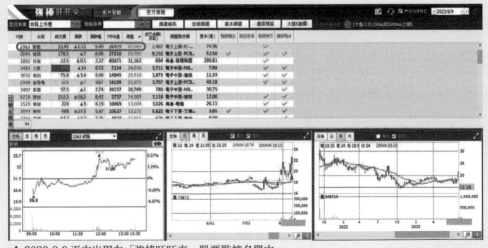

▲ 2023.8.9 再次出現在「強棒旺旺來」股票監控名單中。

資料來源：強棒旺旺來

接下頁

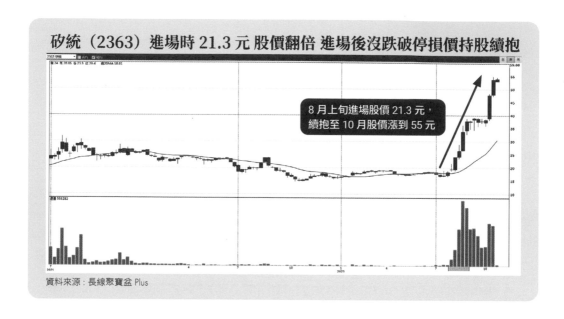

矽統（2363）進場時 21.3 元 股價翻倍 進場後沒跌破停損價持股續抱

8 月上旬進場股價 21.3 元，
續抱至 10 月股價漲到 55 元

資料來源：長線聚寶盆 Plus

賠錢是交易的日常

　　任何投資一定有風險，在交易的過程中賠錢必然會發生，超簡單投資法在真實的交易市場中，絕對不是穩賺不賠的神話，而是大賺小賠的結果。當交易遇到虧損時，一定要有斷、捨、離的氣魄，「長痛不如短痛」，當股價跌破停損點就應該賣出，若抱著不賣就會走上套牢的漫漫長路。我們要清楚知道，進入股票市場最大目的，是為了要優化生活品質，享受更多自由，而不是影響生活、讓投資變成最大的痛苦。

不要以為股票跌到某個程度就一定會持平或回漲，以台股為例，有許多股票是直接下市導致投資人血本無歸。請善用人工智慧及雲端控股即時監督，設定好觸價停損單更能夠確實執行。

▲ 利用「雲端控股即時監督」功能，股價來到指定價位時自動提醒

資料來源：強棒旺旺來

　　進場時所投入的資金一定要量力而為，務必要利用不影響生活的閒錢投資，當市場不利於投資者的時候，一定要做最好的準備及最壞的打算，試想萬一最糟的狀況發生，投資所造成虧損的金額自己真的可以承受嗎？另外也不要借錢投資，因為借來的錢是負債不是資產，借錢來投資勢必有時間的壓力，對交易會產生更多主觀的投射。

定心定性定法

　　能夠簡單何必複雜，基本上學會了四大法寶之後，就不需要再參考其他的資訊，或仰賴其他的技術指標，例如籌碼、KD 線、MACD、布林通道等等，因為「超簡單投資法」已經掌握最具有參考價值的關鍵指標，達到最有效率的成果。如果投資人耗費過多的心力，卻只增加些微的獲益甚至無所助益，那就違背了「簡單投資」的初衷。這套投資方法的特色就是讓投資變得很簡單，人人都有學習的可能且複製成功。再搭配 App 工具的協助，讓投資變的更有效率，花最少的時間創造最佳的效益。

　　最後，股票市場就像一座大型淘金場，人人有機會，只要肯花時間了解資本市場的運作方式，想要從股票市場

中獲利絕對不是一件難事。但是有太多人更想要的是 4 個數字的明牌，而不是自己學習。投資是自己的事，絕不能仰賴他人，務必要自己學、自己會、自己懂。投資紀律是習慣的養成，找出適合自己的投資方法，複製獲利的模式，不斷地重覆執行，就能讓錢兒子幫你賺錢。

◆ 女王投資金句 ◆

投資獲利的關鍵，不外乎就是投資標的、進場點、趨勢方向、持有時間、出場點，還有你的紀律與心態。

第3章

策略對了
才能大賺小賠

不同的交易週期
適合不同個性的投資人，
所運用的策略也就不一樣，
你必須要認清自己
才能順利踏入股市。

3-1
順勢而為
藉勢而飛

> "風險和利潤兩者請先將風險放在第一位，因為風險是關乎在股市是否能安然生存的重要因素。"

從小我就跟著爸媽學習股票交易，爸爸是順勢交易派，始終告訴我交易一定要順著趨勢，才有機會獲得豐厚的報酬。記得有一次全家到海邊遊玩，我們父女看著大海閒聊，爸爸曾說過一個漁夫的故事。

故事描述有一個名叫傑克的年輕漁夫，住在一個偏遠的美麗小島，島上除了漂亮的風景之外，物資和機會其實很匱乏。於是傑克夢想著遠航去探索新的世界，可是他空有膽識和決心，卻不知道如何在浩瀚的大海找到正確的方向。

正當傑克陷入百思不得其解的困擾時，遇見了一位智者，智者告訴他：「想要在大海順利航行，你必須學會『順勢而為』，觀察風的方向調整風帆，以便你隨著風的力量向前進。」傑克思索著便問智者：「風是無常的存在，時而強勁，時而微弱，應該如何判斷正確的方向？」

智者回答：「傑克，你需要仔細觀察風的變化，風的方向、強弱會受到天氣的影響，從太陽的位置、海浪的走向、天空中鳥類的飛行軌跡等，都可以指引你找到正確航向的線索。」於是，聰明又勇敢的傑克從慢慢觀察與學習，逐漸理解風的秘密，後來他運用所學靠著大自然給的線索順勢航行，最後抵達新世界，找到更多資源及工作機會，為家人帶來更美好的生活。

爸爸說：「股市就像茫茫大海，無邊無際的海域需要投資人有能力定錨，順著潮流航行，才能到達更美好的遠方，若是不顧海上的風起雲湧，面臨危險的機會將大幅提高。」

這個故事完整說明順勢交易的重要性，也內化成我的交易 DNA，所以「超簡單投資法」將順勢交易視為核心的原則。

⚡ 確定適合自己的交易週期與策略

在踏出社會之後，我的第一份工作就是證券公司的開戶小妹，不久即被指派到更有挑戰的營業櫃台，每天在券商的交易大廳看著人來人往的投資人，有年紀較大的退休長輩、菜籃族的婆婆媽媽們、上班彈性的業務大哥大姊等不同類型的散戶，每天看著他們一邊盯著大盤跳動，一邊交頭接耳或高談闊論市場消息，讓交易大廳變得好熱鬧。他們會在當沖獲利時一起歡欣鼓舞，賠錢時一起相互安慰取暖，從他們身上看到不同類型投資人的喜怒哀樂。

但是，真正的交易不應該是建立在上述的情境之下，因為交易是自己的事，沒有必要與其他人討論，更何況每個人的資金條件、投資性格都不一樣，這樣討論對實質交易完全沒有幫助，反而因為討論後更容易受到外在的影響，做出錯誤的決策，讓自己陷入人云亦云，無法正確判斷的困境。

在了解順勢交易的重要性之後，接著就是要確定適合自己的交易週期，這個部分對於投資人來說是非常重要的事情，因為不同的交易週期適合不同個性的投資人，所運用的策略也就不一樣，你必須要認清自己才能順利踏入股市。

選擇適合自己的交易週期是投資人非常關鍵的決策，你必須先考慮自己的投資週期、風險接受度、時間與資金條件，認真了解自己的交易風格和喜好，並根據以下因素制定適合你的交易週期策略：

一、投資週期

先了解自己投資的性格，舉例來說，一個忙碌的上班族想投資又沒時間看盤、時間自由資金充裕的退休族、或者是喜歡天天進股市享受廝殺的菜籃族等不同的性格，所要應對的交易週期就不相同。

交易週期主要分為短線與長線，短線交易週期包括當沖、隔日沖、3 日線、5 日線、10 日線、20 日線等，讓投資人能在短時間內快速進出市場，抓住短期價格波動帶來的利潤機會，但將伴隨更高的風險，因為市場波動不可預測，你要付出的時間和心力相對較多。長線交易週期就是喜歡趨勢波段，關注長期股價的增長，所以你不會在意短期的震盪波動，反而是將注意力放在長期趨勢。

二、風險接受度

人類對於危險發生都有避開的本能，這是為了生存的關係，但同時也有追求快樂、滿足欲望的天性，而股市充

滿風險，同時也存在機會，當投資人踏進股市就要同時面
對風險與機會，此時如何平衡兩者就是獲利關鍵。

　　風險和利潤兩者請先將風險放在第一位，因為風險是
關乎在股市是否能安然生存的重要因素。如果你能夠接受
較大風險虧損，那就適合長線操作；若是風險接受度較小，
則適合短線交易。

　　股市是一個違背人性的修羅場，你以為能接受的風險
通常都比真實能接受的更低，因為損失的是辛苦賺來的真
金白銀，所以進場之前請務必謹慎評估自己的風險接受
度，並且保守一點比較好。

三、時間與資金條件

　　另一個重要的考慮因素是你的時間和資金。短線交易
因有頻繁進出市場的特性，除了必須支付高額的交易成
本外，相對付出的時間較多，也更花心力，特別是當沖
操作，必須無時無刻盯著盤面看著跳動的股價走勢，深
怕一個閃失就有鉅額損失。長線交易需要的則是耐心和
毅力，投資人必須耐得住盤勢的震盪，在初期獲利時要
能抵擋得住賣掉的誘惑，若是一漲就賣掉可能會錯殺金
雞母，原本應該是賺進大把鈔票的趨勢財，結果變成微

薄的蠅頭小利。

搭上大戶順風車奔向獲利

「超簡單投資法」是以順勢交易為主要策略,也就是基於趨勢方向進行交易。利用趨勢的力量在趨勢轉折處就進場布局,取得先機點直到趨勢結束。順勢交易可以讓投資人感受到波段的威力,就像站在巨人肩膀過河,你不需要費心費力,只要跟著前進,就能享受「坐著等來大錢」的交易體驗。

當股市處於明顯的趨勢之中,順勢交易者搭上這一班順風列車,通常可以實現高額的獲利報酬。另外,順勢交易其實能為投資人簡化操作,因為進場是在趨勢轉折之處,出場就是賣在趨勢反轉的地方,所以停損有限,但獲利可能無限,有了進出場依據就比較不容易受到情感的干擾,因為心有定見就無所畏懼。

總而言之,順著行情做交易,不要和市場作對,也不預測立場,讓交易更加有效率,投資人跟著進場就可以享受到一段豐厚的獲利。有一句話說:「站在風口,連豬都會飛」,就是順勢交易最佳的詮釋。

3-2
買在轉折點的
順勢交易策略

> "清楚明白看到「趨勢」方向然後順著走,市場自然會回報
> 豐厚的利潤。"

大家身邊一定都有見過很會投資的朋友或家人,看到他們在股市交易屢屢獲勝,聽到他們錢滾錢速度之快,又是開好車、住豪宅、到世界各地旅行等生活,真是令人稱羨。於是,自己也想藉由投資致富,如此的起心動念讓你踏入迷人的金融市場。

起初剛進入市場時,新手總會自行腦補,認為能在市場上操作獲利的投資人,有無所不能的特異功能,可以抓住每日行情的高低點,又或是有不為人知的內線消息,所以他們才會一直賺錢。

我也曾經以為交易有所謂的交易聖杯，一直想找一個可靠又「絕對」的方法，以為每次操作只要使出這個秘密招數，肯定檔檔獲利賺得盆滿缽滿。那段時間不是到處向身邊的大戶尋問是否有特別的交易招式，就是和電腦螢幕倆倆相望，每天花 20 個小時以上鑽研各種技術指標、市場消息、基本面分析，就這樣耗盡心力、曠日費時地找尋心目中的交易聖杯。

最後，我發現身邊的高手，每個人都身懷各種的絕技，結果交易還是會虧損，所以想像中的「交易聖杯」並不存在，我才發現交易根本沒有「絕對」，只有「相對」。事實上，金融市場沒有任何一套公式能百發百中穩賺不賠，唯有最讓人信賴的市場趨勢，跟著大盤走的投資人，才最容易成為股市贏家。

經過多年股市的多空洗禮，讓我真正理解到投資獲利背後的基本原則是跟著市場發展方向走的「順勢交易」！

🌀 順勢和趨勢密不可分

成功的投資人都深刻了解「想要在市場賺錢，就必須懂得順勢而為」，絕對不會被任何市場新聞、小道消息影

響操作，每次交易都是保持超然的態度，甚至是以「一無
所知」來面對每天的盤勢。

　　投資小白在進入股市時就像一張白紙，沒有任何雜
質，只要學習正確的投資方法與觀念，通常非常容易獲利，
但是能不能走到最後，這需要看中間有沒有起了變化。有
些人因為獲利來得太快，不用多久的時間就會忘記怎麼開
始的，此時投資績效便開始降低，這是因為已經開始摻雜
個人觀點、自以為懂一點東西了，對於市場不再超然，加
諸各種想法去影響交易，當虧損時為自己的持股想方設法
找理由不放手，看盤不再單純，坦白來說，是自己的頑固
影響了投資操作成績。

◆ 女王投資 Tips ◆
如何抱得住股票？
◆ 了解股市運行規則　◆ 認識趨勢
◆ 避免無效資訊　　　◆ 堅守紀律

　　投資人應該保持初心，要相信交易的實相，以眼見為
憑的數據來判斷當下大盤的趨勢，因為這才是最重要的事
情，當你看盤的觀點不帶任何雜念，距離高報酬高獲利就

不遠了。可以清楚明白看到「趨勢」方向然後順著走，市場自然會回報豐厚的利潤。

在學會接納各種大盤的可能性之後，接著是進入到如何掌握趨勢的課題。到底要如何搭上趨勢順風車？所謂「買得好不如買得巧」，買在低價格不如買在風險相對低點的價位，也就是趨勢的「起漲點」。

如此，投資人就不用浪費時間等待不知何年何月才會發動攻勢的股票，只要找到轉向安全的進場時機，在搭上趨勢順風車之後立即上路，等到這班列車要回頭時下車，沿途趨勢帶來的可觀報酬早已落袋。

⚡ 一次搞懂順勢操作策略

「超簡單投資法」的核心就是順勢交易，在市場剛發動行情時，以「四大法寶」——均線、趨勢線、成交量、型態等技術分析，確定各方數據、圖形後，作為進場時機，當進場訊號出現時，投資人只要確定停損風險接受度，那就可以買進股票，等到股價觸及停損出場，進場理由消失就是出場的時機。

順勢操作的策略非常簡單，只要掌握關鍵水位的變

化，投資人就會知道財神爺何時會來敲門了，以下針對 4
種主要順勢策略進行說明：

順勢操作 1 多方突破策略

當市場處於多方趨勢時，採取「突破策略」，選擇
在 20 週均線之上的股票，並且持續觀察走勢，找出線型
符合起漲型態時，停損設定能夠接受，那就是一個進場的
時機。

以光寶科（2301）為例

股價突破週 20MA，為多方走勢

突破 20 週均線

資料來源：強棒旺旺來

（順勢操作 2） **空方跌破策略**

　　和多方策略反過來做，就形成了「跌破策略」，所謂跌破策略就是指空方趨勢，熊市來臨之時，選擇在跌破 20 週均線之下的股票，當股價跌破週 20 均線，伴隨著成交量及頭部型態，投資人設定停損點控制風險，就能進行空方做空操作。

以南電（8046）為例

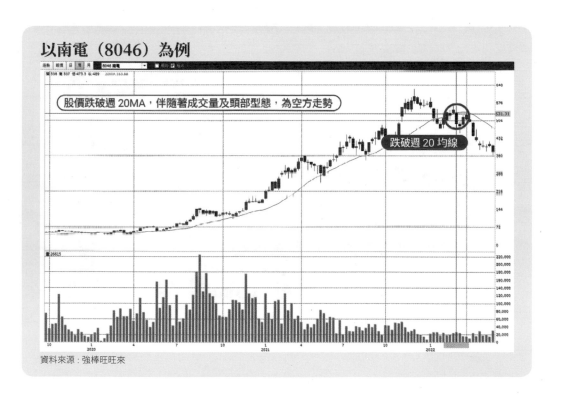

股價跌破週 20MA，伴隨著成交量及頭部型態，為空方走勢

跌破週 20 均線

資料來源：強棒旺旺來

順勢操作 3 拉回不破策略

　　而「拉回不破」策略是指股價在上漲一段時間之後，走勢拉回修正，但尚未跌破週 20MA 的關鍵水位，此時的停損點小，相對好防守，承受的虧損風險較低，也是投資人可以參考進場的機會。

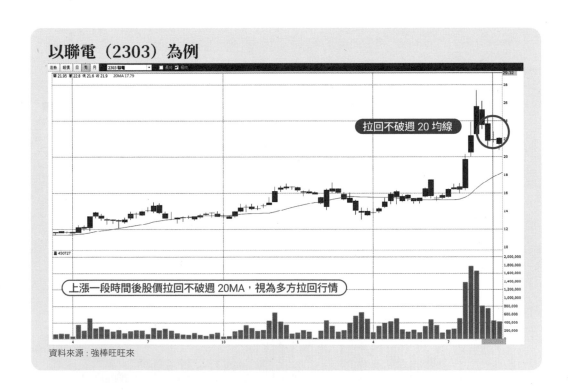

以聯電（2303）為例

拉回不破週 20 均線

上漲一段時間後股價拉回不破週 20MA，視為多方拉回行情

資料來源：強棒旺旺來

順勢操作 4 反彈不過策略

　　多空操作是鏡像的概念，對比多方的「拉回不破」，那麼空方就是「反彈不過」，代表空方標的在下跌一段時間之後，出現反彈力道向上漲至週 20MA 的關鍵水位，此時再度檢視股價，如果符合反彈不過就出現再次進場做空的機會點。

以聯電（2303）為例

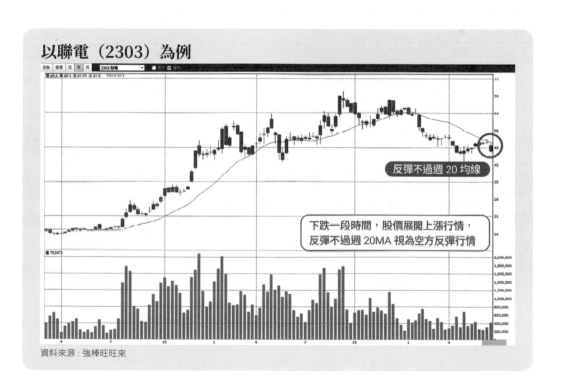

反彈不過週 20 均線

下跌一段時間，股價展開上漲行情，
反彈不過週 20MA 視為空方反彈行情

資料來源：強棒旺旺來

　　價格就是交易市場的現況，價格反映了投資人對於市
場所知的一切，所以只要掌握趨勢，找到股票的關鍵價格，
當市場又願意給力時，那麼獲利就是再自然不過的事情。
以相同的操作策略持續複製，讓財富持續累積，賺錢便可
成為一種好習慣。

　　整體來說，順勢交易的優點是能掌握到多空行情發動
的潛在獲利機會，投資人買在起漲點（起跌點）代表在趨
勢發動時提早進場布局，只要趨勢確立，就有機會獲得一
大段漲（跌）幅賺進價差，就是所謂的波段大賺趨勢財，
往往會有令人稱羨的豐厚報酬。而順勢交易也強調風險管
理，只要投資就一定會有風險，投資贏家的財富就是靠股
價波動所得來的，認識風險也讓投資變得更有保障，所以
承擔有限的風險，才是創造無限獲利的基石。

3-3
違反人性的
逆勢交易策略

"逆勢交易具有一定的風險，投資人必須具備足夠的知識、
判斷力與心理素質，謹慎選擇逆勢操作的時機。"

在我的兒時年代，黃俊雄布袋戲是小朋友的共同回憶，其中反派角色「藏鏡人」的經典台詞深深烙印在腦海中，每次他出現都會說：「順我者昌、逆我者亡」！這句大家耳熟能詳的台詞也同樣適用在金融市場上，換句話說就是順勢操作與逆勢操作的結果。

順勢交易是多數人奉行的投資策略，少數有喜好反市場操作的投資人會選擇「逆勢交易」，股市為什麼千變萬化、瞬息萬變，因為在市場中同時存在看多與看空的投資人，有買有賣才會出現價差，形成獲利空間。試著想想，

若股市所有投資人都看多，那請問誰要賣股票給買股票的投資人？

在了解上一篇的「順勢交易」之後，這一篇讓我們來聊聊何謂「逆勢交易」，「明知山有虎，偏向虎山行」，徹底了解逆勢操作的真諦！

逆勢到底是什麼？

簡單來說，逆勢就是和趨勢「唱反調」的意思，逆勢操作是一種非主流觀點的投資策略，通常是在市場下跌時買進股票，在市場上漲時賣出股票，逆勢策略主要是在尋找市場中的即將轉折點並獲取利益。

逆勢派的投資人認為市場的行為並非永遠合理，有時候投資人的情緒波動會造成市場過度反應，例如市場情緒過度悲觀或樂觀時，往往就可能帶來趨勢的轉變。他們經常利用各種數據指標去找潛在的逆轉點，進一步預測市場可能的轉折，並試圖從中獲利。

股市具有波動性，投資人可以看見主趨勢是多方或空方，在多空趨勢之中，又摻雜許多小趨勢，舉例來說，在多方趨勢時會看到「漲多拉回」，在空方趨勢時則會出現

「跌深反彈」，拉回與反彈就是短週期逆勢的表現。懂得
掌握逆勢條件進場的投資人，如果操作得宜，往往在短時
間內可以獲取豐厚的報酬，也正因為如此，嘗過逆勢甜頭
的投資人，就會開啟日後三不五時想做逆勢單的念頭。

掌握策略讓順逆勢操作有方

逆勢和順勢交易各有支持方，順勢交易的投資人認為
逆勢違反人性，逆勢交易的投資人也認為順勢違反人性，
這是不同面向的認知，各自反映出來的一種心理狀態。不
管是順勢、逆勢操作，要能順利進行的先決條件，絕對是
投資人要具備耐心和冷靜的心理素質，才有辦法克服心
中的恐懼，並且要對自己的選擇有堅強的信念，不受他人
影響。

逆勢策略是指在大盤下跌時買進股票，在大盤上漲時
放空股票，其核心原則是「越跌越買、越漲越賣」，完全
是反市場操作。而逆勢策略唯一會賺錢的時機點是在趨勢
剛反轉時，其餘的時間都是在和順勢抗衡與等待。別人樂
觀時，逆勢交易者抱持悲觀；別人悲觀時，逆勢交易者則
是樂觀看待，這如果沒有強大信念支持，真的不容易做到。

最常出現在市場低靡不振或崩跌時，看到媒體報導危機入市指的就是逆勢交易。

　　金融市場是一個什麼都有、什麼都不奇怪的地方，選擇逆勢交易的人必定是看見它的利基，透過逆勢操作獲得報酬是持續下去的動力，所以逆勢策略也有優點，包括市場反轉潛力及高利潤報酬。當投資人能夠確切掌握市場反轉的潛在機會，透過各種數據判斷市場是否處於過度被高估或低估的情況時，股價就極有可能出現轉折，而逆勢交易者在反轉的第一時間進場，有大幅度波動的價格才能獲取可觀的利潤。

　　逆勢操作除了優點之外，當然也有缺點需要注意，包括趨勢延續風險、資金壓力、情緒控管困難。當市場主要趨勢強勁時，逆勢交易可能無法掌握反轉點，面臨股價繼續朝主趨勢發展而造成更大損失。

　　另外，逆勢交易者需要具備足夠的本金應對市場波動和風險。最後就是情緒管理能力，人類的天性有避開危險的本能，偏偏逆勢操作要和市場走勢對作，越是危險越要克服，不受到任何雜音而影響，堅持走自己的路總是孤獨難耐。

空頭逆勢交易

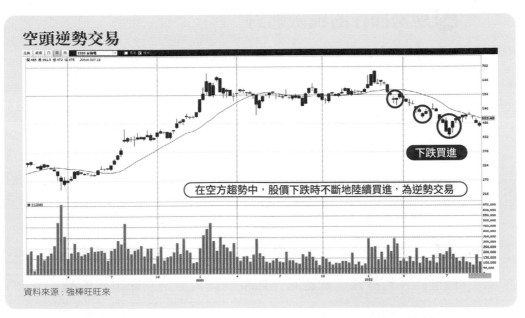

下跌買進

在空方趨勢中，股價下跌時不斷地陸續買進，為逆勢交易

資料來源：強棒旺旺來

多頭逆勢交易

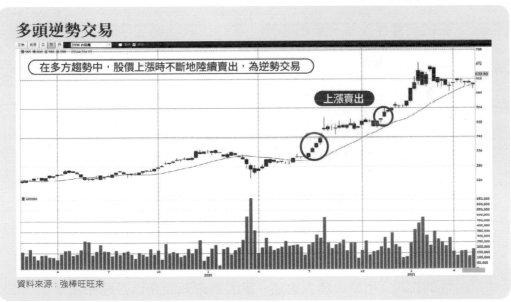

在多方趨勢中，股價上漲時不斷地陸續賣出，為逆勢交易

上漲賣出

資料來源：強棒旺旺來

🗲 逆勢操作的風險應對

逆勢操作當然也存在風險，控制風險是逆勢交易是否成功的關鍵，設定適當的停損點，以及合理分散投資組合，都有助於降低風險並增加成功的機會。逆勢交易雖然可以帶來潛在的回報，但並不適用一般投資人，同時也存在一些風險，請投資人一定要了解的風險如下：

一、時機風險

逆勢交易的成功與時機有絕對的關係，選擇適當的時機進行逆勢操作是關鍵點，如果投資人無法判斷市場的轉折時機就進場，然後市場趨勢若持續一段時間，將增加損失的可能性。

二、心理風險

選擇逆勢操作的投資人，通常會感到不安與恐懼，因為與市場主流趨勢背道而馳，此時心理壓力下可能會做出情緒化的決策，而非基於逆勢策略的操作原則，這部分請投資人強化自己的心理素質，相信自己的選擇。

三、市場不確定性風險

股市不是直線向上或向下，它是具有波動性與不確定性的市場，也是最迷人之處，正因為未知而充滿各種希望。

如此不確定的特性，使得逆勢操作更加困難，投資人必須意識到市場不確定的風險，當遇到風險時，最重要的就是將傷害降到最低，所以停損必須當機立斷。

逆勢交易具有一定的風險，投資人必須具備足夠的知識、判斷力與心理素質，謹慎選擇逆勢操作的時機，而不是憑直覺看股價上漲就賣出，股價下跌就買進，或是為了逆勢而逆勢。另外，最重要的是制定風險管理策略，包括可接受買進後股價仍不斷地重挫下跌。

總而言之，逆勢交易是一種對抗市場主流觀點的策略，通常不是投資新手的選擇，而是對公司價值進行評估，對於基本面有某方面的認識，同時投資觀點和心性也不同於順勢交易者，這樣的投資人選擇逆勢交易才能做出明智的投資決策。

3-4
天選之才
最有資格當沖交易

> "股票當沖的風險大、獲利快速,短短4個半小時就能決勝負,但卻只有極少數的人能真正成功獲得高報酬。"

「當沖」是許多投資人最耳熟能詳的交易方法,對於當沖交易都曾懷抱美好的憧憬,以及寄予一夕致富的希望。現代人不像過往沒有網路的年代,拜網路科技發達之賜,資訊及學習都更加透明及多元。網路上真真假假、虛虛實實的訊息充斥,特別是投資理財,需要大家花更多心力去明辨是非。

而當沖就是最容易吸引投資小白的投資方法,常常看到「你只要用幾分鐘的時間,就能賺到一天的薪水」、「不用本金的投資方法」、「每天都能賺」等等吸引人的字眼,

讓投資新手誤以為股票交易只要這樣就能獲利，殊不知沒有策略隨便亂當沖，賠上的可能是好幾個月的薪水，或者是家產，嚴重的連性命都賠上了，股票市場的殘酷事實，其實是「多數當沖都是在賠錢」！

股市打工仔 我天天當沖的日子

剛進入券商當營業員的那些年，我也是當沖一族，最高紀錄曾經創下月成交量 7 億的成交金額，後來會放棄當沖操作是因為大環境的變化以及想要改善生活品質。

因為父母的引薦，證券商是我踏入社會的第一份工作，初期的職務是券商開戶小妹，後來公司進行擴編，我被指派上營業櫃台擔任營業員一職，那是業務性質的工作，為了每月的業績目標，必須想盡辦法尋找客戶，包括擺攤攬客、電話開發、人脈延伸等開發方法都曾嘗試過，但時常被拒絕讓我非常挫折，於是決定靠自己創造業績，培養自己成為自己最大的客戶，就不用再去陌生開發。

另一方面，看到業績 MVP 的同事覺得好羨慕，特別去請益幾位大戶同事當沖的秘訣，得到的答案就是「盤感」，卻始終不得其要領。大戶同事看我還是個年輕妹

妹什麼都不懂，於是好心提供他的帳號給我在盤中看，希望大家共襄盛舉，一起抬高股價，現在看來就是報明牌的行為。

之後開啟了當沖的日子，看到大戶同事當沖買了某檔股票，我就跟進買，這樣的做法順利達成了公司的業績目標，但獲利和賠錢始終不明究裡，只會盲目跟從。爸爸知道這個情形之後，他以「跟車」的情境比喻，曉以大義地讓我了解風險的重要性。

他說：「妳現在的行為就像緊跟前車，萬一前車突然剎車或是轉彎，別人沒事，但是妳肯定會翻車。因為他一定比妳買到更低的股價、賣在更高的股價，妳始終會晚一步反應，當大浪來襲就容易被淹沒，所以不要依賴別人，投資必須自己看懂、自己學會。」

之後，爸爸花大錢帶我四處去參加投顧，陪著我透過每天的交易紀錄，試著找出當沖的模式及技巧，經過一次又一次的實戰交易看 K 線圖，我終於恍然大悟大戶同事口中所說的：「盤感」。以前是沒有選股工具的年代，每天都要到券商的交易大廳看盤，一開盤就要緊盯著電視牆，專注尋找今天有望噴出的股票，每天都過著繃緊神經的看

盤生活。盤勢好時，當然賺得盆滿缽滿；盤勢不好時，加上高額虧損時真的會付不出錢來，心情就像坐雲霄飛車，非常不健康。

若長期檢視當沖的成績，你會發現往往都是「賺少賠多」，要不就是不斷地活在懊悔中，因為通常當沖獲利，就是有賺一定賣、沒賺不賣就變套牢，這是人性使然，當沖不踏實的感覺，讓我決定改變交易模式！

你適合當沖操作嗎？

因為通貨膨脹及低薪的影響，生活比以往更加艱辛，許多人斜槓多工都是為了能增加收入，提高生活品質，而且近年來股市處於多頭行情，更是吸引許多人前仆後繼進入股市淘金，特別是年輕人的比例加重。根據金管會公布 2022 年 12 月證券商開戶統計，30 歲以下族群占 42.7%，突顯越來越多年輕人投入股市投資，台股有年輕化的趨勢。

年輕人能夠準備的投資本金不多，但內心又渴望快速獲利，在還不懂投資是一門專業學問之前，看到當沖交易的快速獲利，真的很難不被吸引而加入當沖行列，結果就

是造成違約交割、信用破產，不懂得風險控管而被市場狠狠地上了一課。

　　當沖、波段的操作差異只是持有時間不同，選擇當沖的人性格通常較急躁，也想要賺快錢，適合想要賭一把但口袋不深的投資人，前提是要有策略、風險意識，停損的執行力要夠果決，否則容易陷入後悔中，後悔買太少、賣太快。

　　不過，當沖的優點是「今日事、今日畢」的操作方法，無論賺賠當天就能揭曉，所以開心與失落有賞味期限，不留隔夜仇的概念。因為每天都是全新的開始，非常適合積極果斷俐落的交易人。

超簡單投資法的當沖策略

　　股票當沖的風險大獲利快速，短短 4 個半小時就能決勝負，但卻只有極少數的人能真正成功獲得高報酬，若想要嘗試當沖交易，請注意資金配置，一定要留意是否有錢可以進行交割。建議有風險意識、策略、膽識的人再進場挑戰，千萬不要押上身家一次梭哈。若操作成功就享受獲利的喜悅，若失敗至少不會萬劫不復，還有本

金可以重新開始。

　「超簡單投資法」以波段操作為主，但若對策略熟悉的交易人也適用於當沖操作，運用日 20MA 與日 100MA 兩條均線，進出場有憑有據，一樣可以享受當沖交易的樂趣。簡易實用的「強棒旺旺來」工具，將以前我在當沖操作時如何選擇強勢股的邏輯及條件，全部寫入「強棒旺旺來」，運用大數據直接挑出當日強勢股。

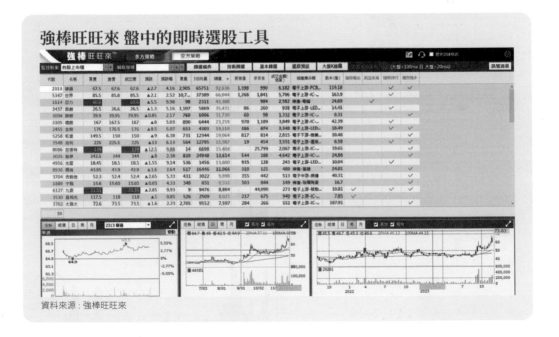

資料來源：強棒旺旺來

出現在強棒旺旺來強勢股的當日走勢圖

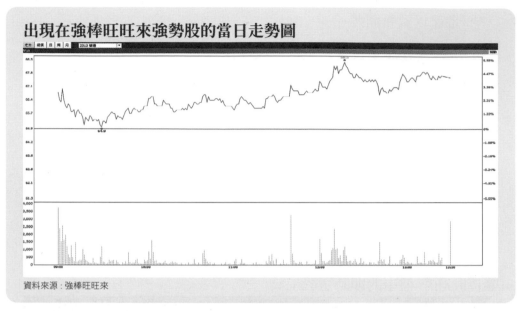

資料來源：強棒旺旺來

股價在長、短週期均線上為長線保護短線

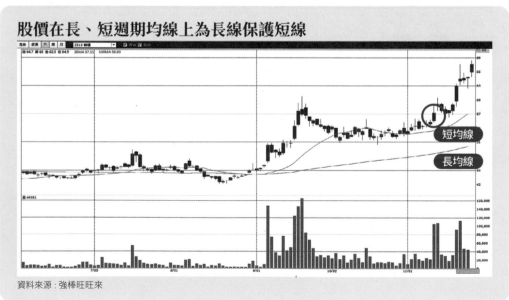

資料來源：強棒旺旺來

　　投資人只要選擇同時站上日 20MA 及日 100MA 的股票，符合「長線保護短線」的均線排列組合，並且選擇有族群性的類股，採取快進快出的策略，站上日 20MA 買進，盤中有獲利、收盤前賣出，虧損風險控制在可接受的範圍之內，當沖交易也可以很輕鬆。

　　投資交易真的沒有秘密，只差在每個人的選擇以及付出的努力不同，當沖交易雖然看似無本投資、短期可獲利，但深入了解之後卻不適用於多數人，要有膽識、不怕輸的投資個性，並不是每個人都具備。因為當沖屬於極短線操作，在市場不可預測的情況之下，多半是手氣而非技術分析，在左右投機型投資人的生死大權。

　　另外，當沖交易者的問題也是最多，包括行情、資金、情緒、心理素質等都是關卡，必須一一克服。交易新手在尚未找到適合自己的投資方法時，建議大家先了解不同的交易策略，找到適合自己的投資方法才能長長久久。

3-5
大賺小賠的
趨勢波段交易策略

"任何投資方法都有人選擇,正所謂「青菜蘿蔔各有所好」,
但是「停損」卻是每個人都要面對並學會的投資關卡。"

至今仍受到很多人推崇的「亞當理論」,其中有一個重要的原則——「別站在火車前面」,當大盤出現爆發性的走勢,也就是俗稱的「趨勢」,請不要和它作對,這是順勢交易的原則,同時也是超簡單投資法波段操作最好的詮釋。

大家都聽過「窮人看漲跌,富人看趨勢」,這句話是在形容散戶和大戶的交易行為差異,多數投資人每天盯著大盤,無時無刻在追逐著股價動態,心情總隨著市場起伏,忽冷忽熱的投資情緒,讓交易產生極大的心理負擔;而股

市贏家總是久久出手一次，在正確的時間進場，買在趨勢正式轉折之處，賣在趨勢反轉之時，獲利輕鬆落袋。

許多投資人的盲點在於「見樹不見林」，看漲跌的人就像是只盯著眼前這一顆大樹，完全看不到周圍其實大樹林立，而看趨勢的人會站在制高點俯視，看到的是整片茂密的森林。所以，投資交易一定需要有綜觀全貌的能力，才能在股市長期立於不敗之地。

波段交易適合所有人

俗話說：「財不進急門，福不入偏門」，意思是財富不會讓我們輕易就得到，越是急於求之，往往財富越是求之不得，欲速則不達。一個人的福氣不完全是與生俱來，部分是靠自己努力而得來，機遇總會留給有準備的人，賺錢要走正道而不是邪門歪道。

「財不進急門」這一句話蘊含重要的投資哲理，若急於發達致富，往往都是想要打敗或超越市場，帶著執念於獲利而進行交易，殊不知投資人只有參與市場的權利與能力。所以投資交易的過程一定要順其自然，遵守紀律、持之以恆，最後時機到了，財富自然也就會來了。

波段操作不像當沖賺「快錢」，它要的是耐心地等待一段時間，創造價差之後才會擁有豐厚的利潤，雖然與當沖相比屬於「慢錢」，但波段交易卻是小資族累積財富、最快速賺到大錢的方法。

在股市中，資金雄厚的大資族或是贏家老手是少數族群，絕大多數都是小資族，也就是俗稱的股市菜籃族、打工族，大家都是懷抱要買股致富的夢想，但資金有限，所以更要選擇適合的交易方式，而趨勢波段交易就是最適合普羅大眾高效率的投資方法。

易攻易守的波段策略

1 張會賺錢的股票勝過 100 張股票，這是超簡單投資法波段操作的特色之一，是我從當沖交易轉戰波段交易最大的體悟。過去當沖交易為了做業績，總是把槓桿放到最大，不僅下單標的眾多，單量也是無上限，動輒數十張上百張，但獲利和下單的筆數總是不成正比。

波段交易策略和當沖策略完全相反，風險在下單前就可以先評估，它是屬於風險有限、獲利無限的投資方法，每個投資人可以依照自己能負擔的範圍選擇標的，只要依

照策略進出場就能輕鬆投資。也有人說波段操作是「佛系」投資方法，時間到了，財富自然到來。那麼如何找到那一檔會賺錢的強勢飆股呢？接下來將分享「超簡單投資法」的兩種波段策略：

波段策略 1 週進週出

股市如同大海，近千檔的股票如同大海裡的各種魚類，如何找到肥美豐盛的漁獲就需要有輔助工具，大家可以透過我獨創的「強棒旺旺來」、「長線聚寶盆 Plus」兩大選股工具，幫助大家篩選出漁獲的聚集地。

用長線聚寶盆 Plus 挑出標的

資料來源：長線聚寶盆 Plus

用強棒旺旺來挑出標的

資料來源：強棒旺旺來

　　投資人首先利用「一條均線判多空」，選擇站上週 20MA 的股票，再透過趨勢線、型態學、成交量來定錨，相對勝率會比較高。接著是評估自己的風險接受度，也就是最大虧損金額能不能接受再進場。

　　進場之後最簡單的停損點就是週 20MA，因為均線會隨著時間而移動，當趨勢方向對的時候，股價會越來越高，週 20MA 自然會往上移，未來當股價跌破週 20MA 時，就是出場的時機，當初的停損點自然變成停利點，利用這種交易方式就能賺到大筆波段趨勢財。

週進週出的波段策略

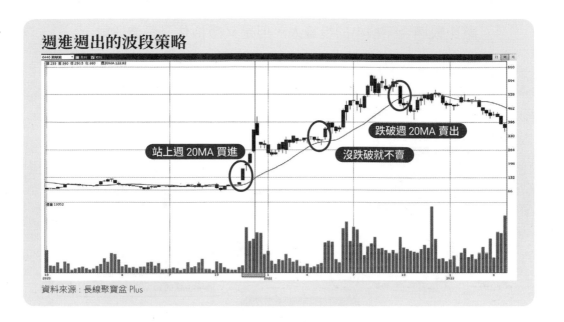

站上週 20MA 買進

跌破週 20MA 賣出

沒跌破就不賣

資料來源：長線聚寶盆 Plus

波段策略 2 週進日出

　　波段操作最難的部分是「等待」，在股市中，大家對於耐心等待都不擅長，通常都是急於獲利的心態，選擇波段操作除了要練習「等等等」，還要能放寬心看待走勢，讓走勢自然波動，不要介入股價的高低點，也就不要想對股價上下其手。

　　上一段提到「週進週出」的策略，屬於已經熟悉波段運作的投資人，特別是投資心態較穩健、耐得住震盪的人。同時也要介紹「週進日出」的偏向短線波段策略，這個策

略比較適合停損小的投資人，但是又想抱住一段波段財，可以設定跌破日 20MA 出場。

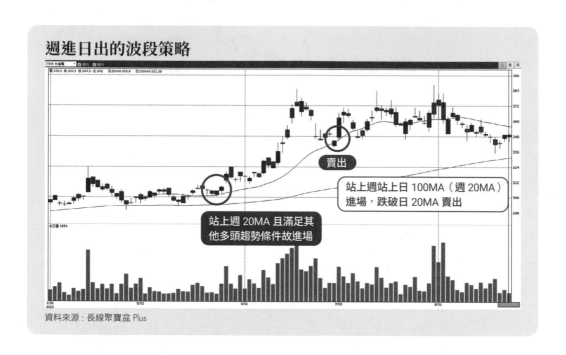

週進日出的波段策略

賣出

站上週站上日 100MA（週 20MA）進場，跌破日 20MA 賣出

站上週 20MA 且滿足其他多頭趨勢條件故進場

資料來源：長線聚寶盆 Plus

適時停損 持續獲利

任何投資方法都有人選擇，正所謂「青菜蘿蔔各有所好」，但是「停損」卻是每個人都要面對並學會的投資關卡。股市是人性的修羅場，方法和技巧是固定的，但人性弱點卻是浮動的，影響每個人對於股市的觀點，這也是為

什麼任何時刻都有買賣雙方不同看法。

　　無法掌握每天盤勢的變化，投資人唯一能掌握的就只有「停損」，進場之前先想好損失，投資就能萬無一失，因為你很清楚最多賠多少，願意接受就不用擔心賠不起。最怕的是知行不一，不斷地更改停損點，內心其實是不想認賠，但往往不想賠總是賠更多，我認為不想賠就要有賠光的勇氣。

◆ 女王投資金句 ◆
高勝率不代表高獲利，
大賺小賠才是獲利關鍵。

　　其實，停損不用害怕，從另一個角度來看，執行停損也是策略之一，才能讓本金活絡。下一個會更好，錯愛了某一檔股票，快速投入新歡懷抱，才是提高投資效率。「前事不忘，後事之師」，每一次的交易經驗都必須謹記在心，當未來再度出現類似的狀況時，就可以把這些經驗和記憶召喚出來，避免犯下相同的錯誤，學會適時停損，才能成功讓獲利奔跑。

　　成功的波段交易者通常具備堅定的心理素質和投資紀

律，他們不會因為短期波動而受到情緒干擾影響，遵從自己設定好的股市遊戲規則，不輕易更改策略，直到進場原因消失，才是出場的理由。當趨勢明確時，波段獲利正是投資人累積財富的最佳時機。

3-6
短打淘金的
短線交易策略

> **波段操作需要耐心等待股價開花結果，短線操作則是偏向短期能快速看到結果。**

在了解順勢操作、逆勢操作、當沖交易、波段交易不同的特性之後，最後一個策略來談談「短線交易」。當沖、波段、短線的差異僅在持股時間長短不同，每個人有自己喜歡的投資節奏，有的人衝勁十足，時時刻刻目不轉睛盯著股價的波動，更想立刻看到交易結果，一天 4 個半小時之內無論賺賠都會揭曉，就會選擇當沖交易；有的人則喜歡享受穩定的趨勢威力，耐心等出高額大筆趨勢財，嚮往坐著不動就贏，財富自然來的優雅投資，就會選擇趨勢波段交易。而介於極短線當沖與長線波段之間的投資策略，就是「短線

交易」了。

　　短線交易是指進場和出場的時間在數天的範圍內，屬於持有時間較短的價差交易策略，股價變化相對更大。記住一個簡單的事實，「十拿九穩」的交易在市場上並不存在。所以，選擇短線交易策略除了與投資性格有關之外，更需要配合正確且穩健的投資心理素質。

🌀 隱藏成本有時更為驚人

　　表面上看起來是風險接受度小的投資人適合短線交易，因為持股週期不用太長，虧損也不會過大，但往往少估算了「頻繁進出」，所衍生出來的交易成本，以及賣出後股價上漲再度買進時所產生的「價差」。選擇短線的投資者多數是因為風險接受度小，不想承擔較大金額的虧損，那麼當盤勢處於上下震盪整理時，投資就必須更遵守紀律執行停損出場，在方向還沒走出來之前，會面臨多次進場、出場、進場，直到真正脫離停損點位區間，才能苦盡甘來，這是選擇短線交易應有的認知。

　　捫心自問如此的頻繁進出你受得了嗎？第一次出場絕對可以接受，但短時間之內一直進場、出場，不用幾次之

後，內心就會出現「懷疑」的聲音，開始覺得是不是策略有問題、怪罪盤勢不好，或是認為自己的運氣差，幸運之神不站在自己這一方，各種奇奇怪怪的理由都是因為自己對市場的了解不夠所產生。

其實，市場永遠不會出錯，只是投資人看不透市場的日常罷了，虧損時容易把各種怪理由加諸在市場上，推卸責任不甘心，這才是最主要的原因。人性有許多弱點，貪婪和恐懼是股市最容易看到的人性弱點，股市和人性相互矛盾，在面對金融市場時，投資人必須克服心魔，才能戰勝市場。

短線交易進出場的次數較高，每一筆交易衍生出的手續費都是投資成本，長期操作下來所累積的手續費很可觀，有時要再次進場時的成本比賣出時還高，會因為買不下手而錯失良機，變成眼看著煮熟的鴨子飛了。所以看似風險小的「短線交易」，其實不一定風險最小，過程中種種的因素，投資人在選擇投資策略時，必須一起考量。

情緒擺一邊 交易更穩健

我個人在股市闖盪已有 25 年的時間，經歷過無數次的大風大雨，有幾次甚至差點滅頂，不過我學會克制自己

的貪婪欲望與恐慌害怕，選擇如實執行停損紀律。也曾陷入許多不切實際、心生懊悔的深淵中，但經過一次又一次的修正，早就將自己練就機械化的操作，對於獲利與虧損皆以平常心看待，就和呼吸一樣正常自然。

還沒真正體會過優雅交易的人，一定會覺得獲利不開心、賠錢不傷心真的有可能嗎？這個就要請大家以後慢慢去體會，投資最終目的肯定是賺大錢，達到財富自由、生活無虞的終極境界，那才是真正該開心的人生大事。但在投資過程中，過多的情緒容易影響交易的選擇，抽離掉喜怒哀樂的情緒，才能夠理性地看待每一次的交易。

股市就是多空循環的市場，普遍投資人習慣作多，在順風順水時容易賺到很多錢，當市場不好時，出現盤整、或轉為空頭，也會嚐到獲利大幅回吐甚至是虧損的狀態。如果一直將心情糾結在此，無法看到新的趨勢機會來臨，也就無法順利進行新的交易，一個穩健的投資人不管是面臨多頭或空頭市場，都要能與勢同行。

交易是一輩子的事，要選擇當一個長期投資贏家而不是短期投機贏家，長期投資贏家就是按部就班的依照策略操作。請特別重視虧損部位的管理，而不是對虧損部位一

再寬容，「留來留去留成仇」，是一句以前我在交易大廳常聽到的順口溜。雖然長期贏家的勝率可能不如短期贏家高，但有效的風險控管，不僅能在順勢時賺到大錢，在逆勢時也能夠因為賠小錢而守住銀彈。反觀短期投期投機贏家，時常有著高勝率，但只要不重視虧損部位的管理，就有可能被虧損部位影響，小賺大賠的結果最終仍是賠錢出場。記得股市不是比誰勝率高，而是要看長期的賺賠比，大賺小賠才能長期立於不敗之地，成為市場上的大贏家。

拆解短線交易策略

每個投資人都可以嘗試各種不同的投資方法，經過一段時間摸索過後找到真正適合自己的投資方法，而且必須「擇你所愛，愛你所擇」，認同所選擇的交易理念，執行起來才會寬心、順手。

「短線交易」策略適合不喜歡長期持有或極短線操作的投資人，數天的交易週期只要能掌握股價轉折，操作也能更加輕鬆，以下說明「超簡單投資法」的短線交易策略：

短線交易策略 1　日進日出

基本上股票只要站上日 20MA 均線，就代表短線有機會

轉強。投資人在尋找股票時，一定要有「買強者」的觀念，
強者才有機會創造價差，所以也不要害怕價格創新高，換個
角度來看，正因為股價創新高，更加肯定你和趨勢站在一邊。

選到強勢股票之後，在進場之前就要想好退場機制，
若是不想長時間參與市場波動，可以運用股價站上日
20MA 進場，就以跌破日 20MA 出場，這就是「日進日出」
策略，當股價走出一段趨勢，日 20MA 也會跟著往上移動，
原本設定的停損就會轉變成停利，風險也能控制得宜。

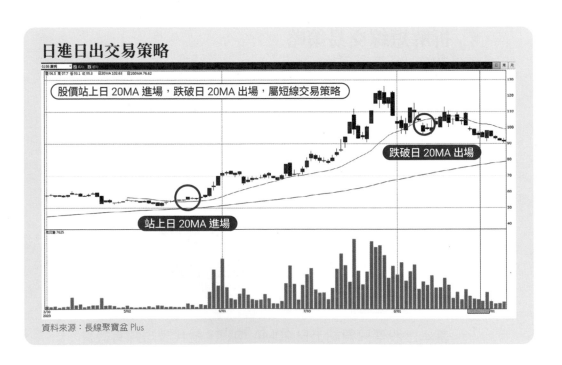

資料來源：長線聚寶盆 Plus

短線交易策略 2 鎖住利潤

「日進日出」策略是提供給不想長期等待的投資人，波段操作需要耐心等待股價開花結果，短線操作則是偏向短期能快速看到結果。在操作時選擇站上日 20MA、日 100MA 的股票，符合「長線保護短線」的排列組合，停損設在日 20MA 的考量，通常是不能接受獲利大幅回吐的投資人。舉例來說，原本獲利 100 元，但因盤勢震盪，利潤可能大幅回吐剩下 40 元，容易產生不甘願、早知道

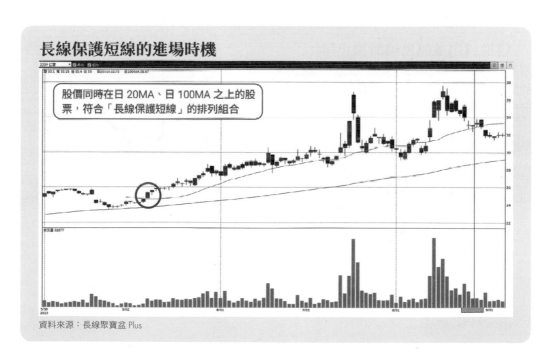

長線保護短線的進場時機

股價同時在日 20MA、日 100MA 之上的股票，符合「長線保護短線」的排列組合

資料來源：長線聚寶盆 Plus

心態的投資人，若改成停損守日 20MA，就能鎖住想要的利潤。

　　相反的，如果股價回檔跌破日 20MA 但並未跌破日 100MA，之後的股價若一飛沖天，相對採取「日進日出」策略的人就享受不到之後大漲續強的利潤了。至於要選擇哪一種策略，可以賺比較多？哪一個策略獲利能最大化？這個真的沒有標準答案，只有交易起來讓自己比較舒心的策略。

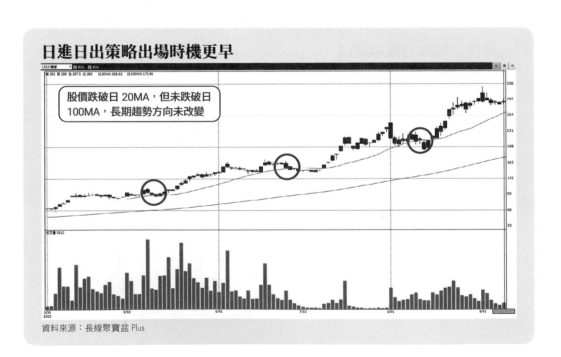

日進日出策略出場時機更早

股價跌破日 20MA，但未跌破日 100MA，長期趨勢方向未改變

資料來源：長線聚寶盆 Plus

　　金融市場的瞬息萬變，沒有人有超能力，無法預測大盤走勢，正因為股市有著未知的不確定性，同時存在迷人與迷惑的特性，吸引無數投資新手加入。無論你想選擇何種投資方法與策略，請在進入股市之前先了解自己的投資性格。當沖、波段和短線操作都各有優缺點，總是要交易過一段時間之後才會找出最適合自己的方法，投資才能往正確的道路前進。

◆━ 女王投資金句 ━◆
**市場行情沒有結束前，
能創造多少最大利潤，沒有人可以提早知道。**

第 4 章

5堂失敗課
投資逆轉勝

股票交易必須要有進出場準則，
定錨的作用非常重要，
如果沒有可依循的股票策略進行操作，
只憑感覺買賣股票的風險非常大，
往往是投資人無法承擔的操作。

4-1
一賣就噴
抱不住行情的股市新手

> "等待的過程中沒有觸及停損也不要亂跳車，錯殺金雞母會
> 非常扼腕。"

阿文是一名從事物流工作的司機，每天處理大小貨物的寄送，忙起來非常耗體力。像這樣體力活的工作有年紀的限制，阿文知道自己的工作有職業壽命，不能做到退休，所以在工作之餘，認真學習投資理財。

他發現自己的交易盲點無法克服，所以特別來請教我，他問：「為什麼買了一檔股票，買進之後天天看它，股價不漲就是不漲，於是乾脆把它給賣了！卻發現一賣掉股票，股價就往上噴出，為什麼總是抱不住行情，而看其他周圍的朋友買股票都大賺，到底是哪裡出了問題？」

◆ 女王投資金句 ◆
股票不是看了就會漲，
會漲的股票不用看也會漲。

📈 買進好股票 卻賺不到大錢

過去我在交易遇到問題時，會習慣先靜下來思考再尋找答案。而阿文的情況是許多股市新手會遇到的投資課題，我決定先了解他的交易模式、思考邏輯，甚至是投資動機、資金來源等，才能給予他正確的交易觀點。

於是我進一步詢問阿文的投資動機、選股方法、交易過程等，他表示，決定進入股票市場無非是希望賺更多錢，讓自己和家人有更好的生活品質，他有感而發地說：「做物流其實就是靠時間和體力換取金錢，就是俗稱的勞力活，薪資不低，可以養活一家人，也能存點小錢，但幾乎沒有生活品質可言，吃飯、送貨都是和時間在賽跑，拚命三郎式地追趕，因為要將商品按時送達商家，一刻都不能浪費，若晚到一步有可能影響商家的營業損失，背負的責任重大，平時必須養成良好的誠信習慣。

工作辛苦歸辛苦，但存錢倒是很迅速，在很短時間內就能夠存到一桶金，現在手邊也算是寬裕，有一筆動用不

到的閒錢，常看到報章雜誌寫著，你不理財，財不理你，於是開始學習，希望能夠靠投資賺錢。」

　　阿文買進的股票榮鋼（5009），是一間鋼鐵工業材料公司，他當初買進這一檔股票的理由是「聽朋友推薦」，因為過去他常聽朋友說投資股票多好賺，於是這次也跟著進場。他在 2022 年 12 月初，以每股 33 元時買進，但買進後發現股價沒有明顯漲幅，不久後就以 37 元賣出，賣出後發現股價竟一路上揚，在 2023 年 6 月甚至來到 58 元，阿文氣餒的感嘆：「為什麼我買股票都賺不到錢？」

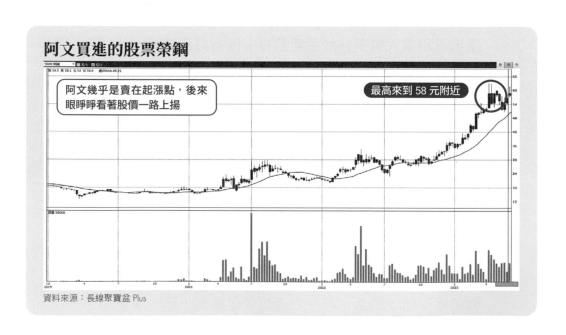

阿文買進的股票榮鋼

阿文幾乎是賣在起漲點，後來眼睜睜看著股價一路上揚

最高來到 58 元附近

資料來源：長線聚寶盆 Plus

📈 報酬需要時間等待

仔細檢視榮剛在 2022 年 11 月時站上週 20MA，直到 2023 年 6 月都未跌破週 20MA，其實這檔股票的進場位置正確，各方面條件也都符合四大法寶，可惜選股方式是道聽塗說得來的，毫無依據地進出場，加上沒有正確的交易心態，即使買到好的標的，也只能眼睜睜地看著股價往上漲，完全與自己無關，相當可惜。

「進場後請給股票時間，等待獲利發酵。」就像獵人帶著狩獵包上山打獵，一切都準備就緒，有手電筒、望遠鏡、獵槍，找對位置後要做的就是靜待獵物上鉤。投資股票也是一樣，已經有投入資金、相關財經知識，接下來就是等待合宜的進出時機，但等待的過程不急躁，不隨意開槍，只需要嚴守進出場規則，機會出現時就勇敢進場，遇到停損時就面對出場；相反的，等待的過程中沒有觸及停損也不要亂跳車，錯殺金雞母會非常扼腕。

◆ 女王投資金句 ◆
抱不住股票，是因為你不夠了解。
因為不夠了解，才會在不正確的位置出場。

📈 有憑有據的進出場規則

阿文說：「這次聽信明牌跟著朋友買進，買進後只盯著股價，沒有進出場依據，也不會設定出場點位、更不敢問朋友何時要出場，只等了幾天就賣出，看它一路上揚又不敢買回，之後的漲幅都和我無緣，真的很懊惱，深深體會到投資這件事一定要自己學、自己懂、自己會。」

超簡單投資法最基礎的進出場策略是「當股價站上週20MA 時買進、跌破週 20MA 時賣出。」如果懂得運用最簡單的基礎策略，當買進股票後，出場策略尚未被觸發時絕不胡亂出手，就能賺到趨勢財獲取較大的報酬。

股票交易必須要有進出場準則，定錨的作用非常重要，如果沒有可依循的股票策略進行操作，只憑感覺買賣股票的風險非常大，往往是投資人無法承擔的操作。「超簡單投資法」的一條均線判多空，利用週 20MA 當作進出場策略，就是明確且易懂的方法，當股價站上週 20MA 時就買進、跌破週 20MA 就賣出，但週 20MA 的價位每週都會變動，因此每週五需要重新檢視股價是否仍在週 20MA之上，一週復一週的定期檢視，才能逐步累積績效。

📈 錯賣後的追回時機

　　錯賣後是否可以追回股票？也同樣適用上述的週 20MA 的進出場策略，我們在股價站上週 20MA 時買進，接著每週五檢視線圖，只要它沒被跌破週 20MA 就表示多頭趨勢還沒轉向，行情都是走出後才能看到市場整個交易的實相，無法提前預測行情走勢。交易市場中並沒有所謂的早知道，因此只能依照每週的價格判斷，而當股價跌破週 20MA 就表示該檔股票已改變原方向，應立即做出決

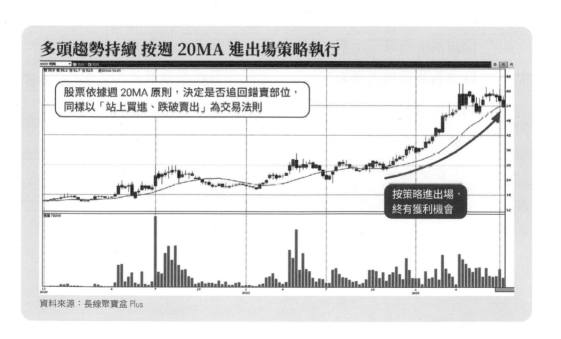

多頭趨勢持續 按週 20MA 進出場策略執行

股票依據週 20MA 原則，決定是否追回錯賣部位，同樣以「站上買進、跌破賣出」為交易法則

按策略進出場，終有獲利機會

資料來源：長線聚寶盆 Plus

策，該出場時絕不留戀，毫不遲疑地賣出，長期下來的績效就能做到大賺小賠，用長期宏觀的視野看待股市就不會出現抱不住行情的窘境。

◆ **女王投資 Tips** ◆
散戶投資的 3 個陷阱

◆	◆	◆
過度 頻繁交易	盲目 從眾行為	輕率投資未經驗證的 新上市股票

　　股票進出場要有因由，為什麼買進該檔股票？當進場理由消失時就該出場。另外也要避免跟著他人隨風而起，像是看到市場大漲時就跟著買進、大跌時就跟著恐慌，又或是聽從他人預測、跟著他人買賣，這些結果都會讓人錯失獲利的機會，或賠上不該賠的冤枉錢。

　　四大法寶護一生，記得只要依據紀律執行，市場自然就會回報合理報酬，就能大賺小賠累積財富喔！

📈 飆股女王指點迷津

　　投資是一門高度的專業，除了要具備良好的財經交易知識外，也要有健康的投資心態，需靜心等待所有時機，依照紀律進出場，千萬別盲目地聽信他人建議，毫無理由地買賣股票，進出場一定要有憑有據，必須有一套合適自己的交易法則可以遵循。

4-2
借貸投資
輸在起跑點

"投資是一場長期戰，需要等待時機，借貸投資是一種高風險透支的行為。"

秀 芬是一名從事會計工作的職業婦女，每天處理帳務與稅務的工作，能力也頗受上司與同事好評，但日復一日的工作內容讓她產生職業倦怠，身心日漸感到疲乏，尤其一到查帳季節，工作量增加，導致超時加班情況非常嚴重，工作和家庭無法兼顧，加上還有房貸壓力，她開始思考如何開拓第二收入。

聽朋友說投入股市是最簡單的投資方法，進場的門檻低，網路上也有各類資料可以搜尋，只要認真做功課就有機會打敗市場，獲得高報酬，而且在網路上也看到很多人

說可以借錢投資。秀芬聽了相當心動,然而盤算了自己的總資產,扣除房貸、生活基金、緊急預備金及保險等,發現無法再多挪一點資金投資,於是她決定「借貸投資」。

❷ 背負高額房貸 投資備受壓力

幾年前秀芬不想再當租屋族,購入台北蛋白區的中古屋,貸款 8 成,大約是 1,200 萬元的房貸,每個月的日常生活開銷及貸款利息,壓得她快喘不過去來,覺得日子過得好辛苦。

然而,秀芬不甘於現狀,想要改變這樣的苦日子,她認為只靠每月薪水還房貸的速度太慢,想盡快把貸款還清,決定另闢賺錢途徑,而股票投資對她來說是最好入手的方式。她單純以為只需要花一點時間看盤,賺取價差就可以增加收入,偏偏手上的資金不足,經左思右想之後,決定向銀行貸款投入股市。

於是又向銀行借貸百萬,通過銀行層層的徵信關卡後核準,秀芬看到一大筆錢撥入戶頭時,好開心自己終於有本金可以投資,興沖沖地一股腦就進股市了,下班後就開始看財經節目、沉浸在各大財經社團、討論區、瀏覽所有

網路上的財經文章,尋找市場中的明牌。

秀芬在 2023 年 4 月買進一檔電子股建準(2421),以每股 45 元買進,之後股價一路上揚,沒幾天她賺了 5 萬元就出場了,第一次投資就輕鬆獲利,讓她覺得股市真的是一個非常容易賺錢的好地方。

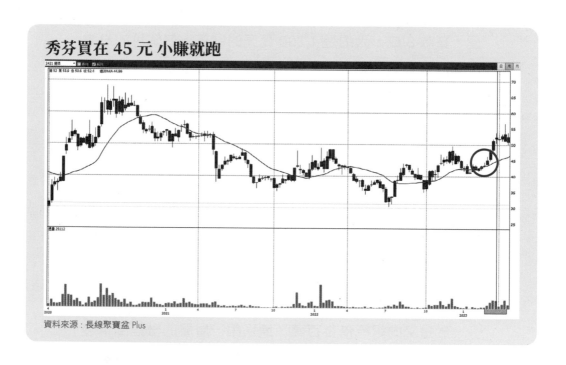

資料來源:長線聚寶盆 Plus

但她開心的日子並不長久,因為一進場就讓她嚐到小甜頭,忘記股市是個有風險的地方,後面的交易不再像第

一次出手那麼幸運，接踵而來的是不斷地虧損，眼看著借來的本金越來越少，還有高額的利息要支付，她走進了另一個恐怖的負債深淵。

借貸投資行不行？

　　關於上述秀芬的問題，其實她在第一步就踏錯了。過去也曾經有學員問我：「現在貸款利息那麼低，去銀行借錢來交易，這樣的投資方式可行嗎？」

　　首先，我的立場不建議借錢投資金融市場，但能不能借錢投資這個問題則是要看投資的項目，並非全部的投資都不可行，最常見的就是貸款買房，然而買房通常為自住使用，屬於長期投資，因此不會頻繁進出交易，加上若買對物件還可以擴大家庭資產規模，讓家人有足夠的安全感。

　　若是純粹為了股票投資而借貸，則需要有更足夠的評估及充份考量，正確的投資心態，評估自己可接受的風險，符合各種條件才能考慮借錢投資。請正視自己的每一分錢財，這些都是辛苦工作得來，或是省吃儉用努力存來的資金，每一分錢都該被認真看待。

借貸投資須考量的 4 件事

第一 投資不是穩賺不賠的交易

　　金融市場投資具有一定的風險存在，並不是穩賺不賠，進場前就先制定投資策略並嚴格執行停損，當借貸的金額造成虧損時，是否能毫不猶豫的出場，若不能及時截斷損失，後果將不堪設想。

第二 投資是需要時間發酵

　　金融市場的漲跌是市場買賣雙方激戰過後所堆疊出來的結果，短時間只能看到小波動、短期的買賣力道，並沒辦法看到大趨勢，大趨勢是經過短時間的延伸所形成，所以「時間成本」在交易過程中占了非常重要的要素。借貸投資每個月有還款的壓力，如果因為投資時間過短而造成投資失足，就可能帶來更大的財務風險。

第三 要有絕對的還款能力

　　借貸投資會有利息的產生，時間拖越久所支付的利息金額越多，是屬於高風險的負債行為，要考量自身的財務結構、還款能力及個人風險承受度，不論投資的盈虧結果都要能夠如期償還借貸金額，且不影響原本的生計。借貸投資的本金不是資產而是負債，等於是財務透支，要量力而為。

第四 高風險承受度

　　投資一定有風險，進入市場前的第一件事，先問自己進場後若手中持股大跌 20%、30%，是否真的能承受虧損及股價的波動？面對當下的市場究竟是續抱還是出場？能否按照紀律執行策略，周而復始每次都抱著同樣的心態面對不同的盤勢？先做最壞的打算並準備完善的應對方式。

　　金融市場具有高度的不確定性，原則上若打算借貸投資應該謹慎考量上述 4 件事，只要有一項不符合就不建議執行。借貸投資除了有利息壓力，還有不能虧損的壓力，一般人通常無法承受，更何況交易哪有不虧損這件事呢？建議投資務必使用閒錢，不要借貸投資，才能減輕財務負能量。

◆ 女王投資金句 ◆
真正的投資交易是沒有壓力。
借錢來投資，還沒賺錢先負債。

📈 飆股女王指點迷津

　　檢視秀芬的財務狀況後，發現光是每個月基本的支出和貸款利息就壓得她喘不過氣來，建議她調整自己的步調，並重新擬定投資策略，此時應該選擇補充資金，試著出賣自己的專業或時間，並展開斜槓人生，可先想辦法增加額外收入以降低現實中的經濟壓力，同時學習適合自己的投資方式。

　　投資是一場長期戰，需要等待時機，借貸投資是一種高風險透支的行為，即使短期投資標的有獲利，也並不代表穩賺不賠，借貸投資需要有還款的能力，原則上建議投資應用閒錢，才能避免累積債務甚至影響生活品質，若是讓生活更加困頓，那就得不償失了。

4-3
逢低就買
攤平變躺平

> "人性買股票喜歡挑便宜的買,但是在多頭趨勢股價不斷地
> 往上墊高,只會越買越貴,不會越買越便宜。"

宜靜是一名朝九晚五的上班族,任職於廣告公司,擔任
行銷企劃多年,每天過著汲汲營營、被時間追趕的人
生,但是她心中一直有一個夢想,希望能夠早日存到退休金,
不再過著每天上班趕打卡的生活。但是以目前台灣的薪資結
構,實在有難度,因為薪水幾乎凍漲,即使有加薪幅度也相
當低,每個月的交通、三餐、孝親費等支出,薪資扣除開支
後已所剩無幾,存錢速度緩慢,退休基金不知何年何月才能
準備好。

> **通膨吃掉薪資漲幅**
>
> 行政院主計總處資料顯示：
> 2022 年全年每人每月經常性薪資平均為 44,417 元，
> 年增 2.8%；每人每月總薪資平均為 57,718 元，年增
> 3.45%。
> 但若考慮物價因素，實質經常性薪資則是負成長。

於是，宜靜下定決心學習投資理財，剛開始她每天下班回家後的第一件事就是打開電視盯著螢幕看財經新聞及節目，翻遍各種媒體報章雜誌的財經報導，也參與股市名嘴、投資分析師說明每家公司的好壞，另一方面評估自己的財力，最後決定選擇一個看起來很安全的方法來投資。

盲目投入百萬元 慘賠績效好心酸

宜靜是股市小白，在 2022 年開始進市場投資，當時聽專家說把錢存銀行不如買金融股，而且還可以領股息，於是就找了一檔銅板價的金融股買進，但是不久後股價就開始下跌，當初專家說要逢低買入，尤其股價下跌時更要勇敢買進往下攤平，結果股價一路下跌，買到都手軟了，

目前持股已經虧損 30% 以上，每天都很焦慮，現在已經不想看價格到底是多少。

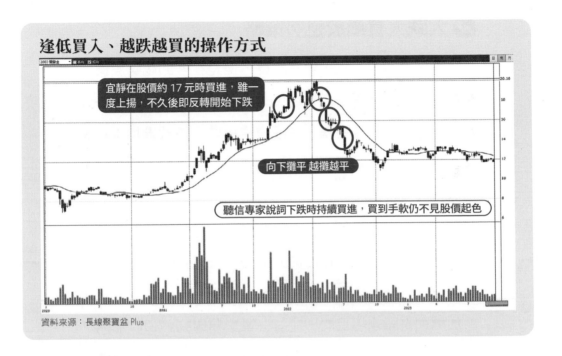

逢低買入、越跌越買的操作方式

宜靜在股價約 17 元時買進，雖一度上揚，不久後即反轉開始下跌

向下攤平 越攤越平

聽信專家說詞下跌時持續買進，買到手軟仍不見股價起色

資料來源：長線聚寶盆 Plus

　　仔細一問，宜靜買進的股票是開發金（2883），在 2022 年 3 月以每股 17 元買進，期間股價一度上漲，但是在同年 4 月跌破週 20MA 後一路下跌，當時專家說越跌越要買，這樣才能向下攤平成本，於是宜靜聽話繼續買進，結果到目前為止已投入 100 萬元本金，未實現損益約負

33 萬元，帳上虧損達 3 成，加上 2023 年沒有發放股利，被套牢的心情更加沈重。

📈 大跌大買屬於逆勢策略

人性買股票喜歡挑便宜的買，但是在多頭趨勢股價不斷的往上墊高，只會越買越貴，不會越買越便宜，大跌大買是反市場的操作手法，在股價重挫時，勇敢進場；在股價大漲時，全力放空，逆勢策略要看投資人的心理素質，不見得人人合適。

加碼方向有兩種，分為順勢加碼與逆勢加碼。順勢加碼是指和市場同步，在之前交易的部位有獲利時才加碼，也就是在行情上漲時持續再買進、下跌時再逐步放空；逆勢加碼則是和市場反向，在前一筆交易單有虧損時加碼，也就是行情下跌時反向加碼做多單、上漲時反向加碼做空單，並在市場反轉時出清。逆勢加碼被視為風險較高的策略，因為期待市場反轉，若是沒有反轉就容易出現繼續凹單，最後攤平變躺平，形成被股票套牢的狀態。

當股價上漲時持續買進股票 為多頭時的順勢加碼交易

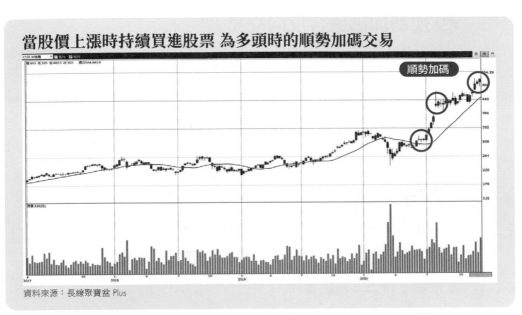

資料來源：長線聚寶盆 Plus

當股價下跌時買進股票 為空頭時的逆勢加碼交易

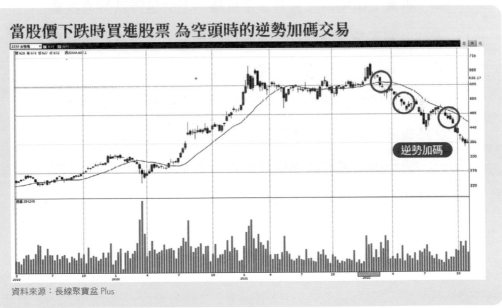

資料來源：長線聚寶盆 Plus

 逆勢加碼適合反向交易者

宜靜的投資略策屬於往下加碼來降低成本的攤平策略,在股市中也算是很常見的交易手法,但不是順勢交易者會使用的方式。不少人為了想找到最低點或最高點會採用逆勢加碼的策略,但是逆勢加碼的交易模式是和市場持反向看法,等於反著市場做,當市場一漲就認定市場要跌了,會去放空市場;反之,當市場一跌就認定市場總有一天會上漲,只要市場不倒閉,一直往下買,成本越來越低,當市場反轉直上就能獲利。

事實上市場的交易方法百百種,怎麼選擇就得看投資人的交易習性來做選擇,如同市場買菜,青菜蘿蔔各有喜好,不論對錯,只有適合與否。在投資之前,最重要是先了解自己的投資個性,並確實熟悉投資策略,心裡毫無懸念地長期執行,才是適合自己的投資。

逆勢加碼適合反市場交易者,要能夠接受市場上漲時持續放空、下跌時向下攤平,必須承受巨大的風險,如果價格持續逆勢、一去不回,就很有可能失去所有本金,選擇逆勢操作前請再三評估。

飆股女王指點迷津

　　宜靜的問題在於不懂策略的屬性，順勢策略、逆勢策略傻傻分不清楚。尚未理解逆勢操作的風險與意義，也沒有準備好面對虧損的心情，就盲目進場，導致看到股價持續下跌，沒有及時止血，出現虧損便不知所措。

　　超簡單投資法的買進賣出原則，主要以一條均線為原則，利用週 20MA 作為停損、停利點，當股價站上週 20MA 時就買進、跌破週 20MA 就賣出，原則上只要趨勢走出來時不主動停利。這與宜靜原本的投資方式大不相同，但方式更簡單、原則更容易把握，且也不必盲目聽從分析師指示，而是利用趨勢的力量推動股價往前進，緊跟行情賺進趨勢財。

4-4
道聽塗說聽明牌
結果買到冥牌

> "交易沒有原則的散戶很容易被影響而上錯車,最後落得被
> 割韭菜的命運。"

阿翔是一名竹科工程師,在新竹科學園區工作多年,看似人人稱羨的科技新貴,身價不凡的他,早已身心俱疲,想早日擺脫工具人的生活。

原來身為科技新貴的他,年薪雖然比一般行業的待遇優渥,但在竹科工作的時數非常長,壓力也很大,不僅要經常當空中飛人出國開會,而且還要管理公司大大小小的事,偶爾也需要輪值假日班和小夜班。在生活與工作失去平衡的狀態之下,阿翔覺得人生不應該這樣下去,打算另外學習一技之長,不想再過這種賣肝、過勞心酸的職場生

活，於是他將目光轉移到股票投資。

「只要遇到休假日，和好友吃飯聊天，大家聚在一起聊的都是股票相關話題，如果可以靠投資提早財富自由，是不是就能脫離 1 週上班 7 天被工作綁架的狀態？」他心裡經常這樣盤算著。

然而，阿翔的工作過度忙碌，根本無暇研究股票，沒有正確的投資理財觀念，更沒有風險意識，也沒有任何的交易策略，買進的股票都是聽媒體說、看網路股票論壇版寫的，再不然就是好友熱心推薦，買進之後也不知道該如何出場，許多股票都是放越久賠越多，等到受不了鉅額虧損才趕緊賣掉。

經過多數交易產生虧損，才意識到怎麼會因為別人的三言兩語，就把自己的血汗錢投入呢？每次賠了錢除了只能自認倒楣，好像也沒其他辦法。

🔘 聽信明牌 亂買一通

金融市場爾虞我詐，無效資訊飛滿天，只要有心人士刻意炒作，交易沒有原則的散戶就很容易被影響而上錯車，最後落得被割韭菜的命運。最明顯的例子就是股市炒

作養、套、殺的套路，坊間有許多投顧老師、分析師、名嘴，會抓住散戶喜歡聽信明牌的弱點，利用電視媒體、報章雜誌、網路新聞及社群平台，不斷放送利多消息，吹捧自己有神準般的預知能力，股價的高低點皆能完全掌控，對於目標價更是瞭若指掌，百戰百勝檔檔命中。沒有能力辨別真偽的散戶就成了待宰羔羊，隨意看了明牌聽了消息就跟進買股，幫別人抬轎，完全沒有進一步了解該檔股票的技術分析、趨勢方向等，買進後不知所措，等股價直直落賠大錢時，才驚覺自己上了賊船，落入別人設好的圈套。

　　阿翔什麼都不懂就直接進入股票市場交易，以為只要看看電視、報章雜誌這樣就能賺錢，當時的市場全面看好穩懋（3105）這檔標的，各大報章媒體，名嘴大力推薦，不停地釋放利多消息。

🌀 市場真實的趨勢勝過小道消息

　　在股市中或多或少都聽過小道消息，來源包括公司內線、券商營業員、研究員或股票分析師等，不過當這些所謂的內線消息傳到散戶耳裡都已經不知道是第幾手消息，

阿翔於 2022/2 以每股 320 元買進 當時股價就已跌破週 20MA

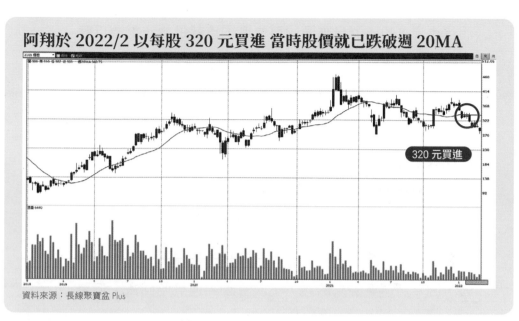

320 元買進

資料來源：長線聚寶盆 Plus

雖然市場消息全面看好 股價仍然是一路重挫

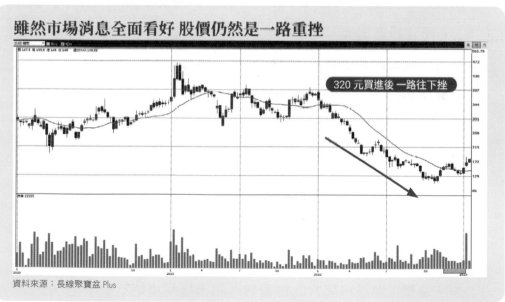

320 元買進後 一路往下挫

資料來源：長線聚寶盆 Plus

而且也沒人知道消息來源的可信度，這就是為什麼散戶聽信明牌交易總是賠錢收場的原因。

　　遠離小道消息最好的方法就是一律拒絕接收，當你不知道市場發生什麼消息時就不會被影響，判斷會是最客觀。我在課堂上也經常叮嚀學員千萬不要相信小道消息，更不要胡亂跟進買明牌，明牌很可能真的是冥牌，因為這些「聽說」來的消息都是有心士刻意釋放出來，對散戶而言是根本毫無原則的買賣，即使這次有賺錢，難保下一次不會賠錢，因為用運氣賺來的錢，下次會因為運氣賠回去，但是用實力賺到錢，下次機會來了依然是用實力能賺到錢。

　　不懂投資的人，光聽別人說就進場，很容易受傷，因為不明白買進賣出真正的原因，進場後卻是痛苦的開始，會日夜難眠忐忑不安，總覺得心裡不踏實；反之，懂的人清楚明白交易的理由，不管進場交易後的結果是獲利還是虧損，都能格外的心安自在。

　　超簡單投資法是屬於技術分析學派，主要是以市場的實相為交易根本，以一條均線週 20MA 作為最基本的交易原則，並與趨勢、型態、量能共存同在，跟著當下市場的多空趨勢，順應市場方向做買賣，和市場同步絕不跟市場

唱反調，只要按照紀律操作，長期下來大賺小賠就能抓緊趨勢賺取波段財。

📈 自己看得懂才能心安理得

天底下沒有不勞而獲的事，想要怎麼收穫，就要怎麼栽！在投資的領域中想要獲得優秀的績效，必須投入時間研究，超簡單投資法沒有複雜繁瑣的花招，僅採用市場中最真實的數據，以週 K 線圖為主，從 K 線圖的軌跡中去找到可參考的線索，如均線、趨勢線、型態、成交量等，我將它們定義為超簡單投資法的四大法寶，因為只要懂這四大法寶的運用，在險惡的股市中自然就能趨吉避凶。

◆ 女王投資金句 ◆
投資理財是自己的事，
只有自己清楚自己所能承受的風險值。

我也常跟學員說九字箴言，就是投資一定要「自己學、自己會、自己懂」，有憑有據的交易才不會心慌，唯有真正了解買進、賣出該檔股票的原因，才是有策略的操作，設定最大虧損值，賠錢不會賠得不明不白，賺錢也賺得心

安理得。倘若毫無根據聽信消息明牌莽撞進場，就只能任憑他人宰割，眼睜睜看著工作的辛苦錢無止盡虧損，再多的金山銀山都不夠填補這險惡的深坑。

> 📈 飆股女王指點迷津
>
> 　　交易即是生活，人生路上許多事情都是透過學習之後成長，投資也一樣，戶頭裡的錢並不會平白無故從天而降。投資理財是人生的重要大事，投資可以幫助自己盡早實現財務自由、提高生活品質，但在進入市場時一定要先了解自己的投資性格、各種財經知識、評估風險，並擁有一套有邏輯的投資策略，才能通往獲利的道路。

4-5
「沖」進股海
貪婪與投機的陷阱

"投資人進市場一心想獲利，經常忽視風險，孰不知風險和
利潤是如影隨形。"

偉志是剛從學校畢業踏入職場的社會新鮮人，非常崇尚
自由的他不想受到太多的約束，找了一份業務工作，
上班時間彈性事務可以自己安排，但工作一陣子後發現，時好
時壞的薪資讓他沒有安全感，因為業績如果沒有達到公司的要
求，不僅沒獎金可領，本薪還會被打折，隨著工作經驗越來越
多，薪水不符合期望，開始想要為自己「開源」，增加收入。

他知道這年頭不靠投資很難將戶頭滾出大錢，因此投
入大量的時間研究，開始學習相關財經知識，不僅每天收
看財經新聞，還報名市面上各種理財講座，ETF、存股、

基本面價值型投資、K線技術分析、短線當沖、籌碼隔日沖、價差交易，每個投資方法他都報名學習，其中短線當沖交易讓他最投入。

⏣ 欲速則不達 想要快反而慢

偉志原本以為學了不少投資知識，上過所有投資相關的課程後，就等同身懷絕技，於是信心滿滿地進入股票市場，本金不多又想要快速賺到錢，選擇一般人都會選的短線當沖，沒想到結局不如預期。

當日沖銷（Day Trading）又稱日內交易，指的是在當天的交易時間內（9:00～13:30）同時完成股票的買進賣出，一買一賣相互抵消，只需付交易的手續費和證交稅，不用再支付交割金額的交易行為。

偉志打的如意算盤是1天只要賺個幾千元，1個月下來月入數十萬，1年就可以有數百萬，很快他就可以成為少年股神，享受財富自由的生活。然而現實的交易狀況並沒有他想像中的那樣順利，有些時候出現虧損時沒有當天賣出股票，還需要四處去借錢籌措交割款項，每天都過著緊張焦慮的生活，心情時不時跟著市場股價波動上下起

伏，上漲時就覺得買太少，下跌時就悔恨為什麼不早點賣出，每天來來回回的當沖交易，偶爾賺取蠅頭小利，大多數以賠錢收場，虧錢的速度比不上賺到的錢，讓他心力交瘁、身心俱疲，一度懷疑股票市場真的能賺錢嗎？

「每次要賣出股票時心中就會出現很多的假設，例如看到電視財經新聞即時播報公司利多消息時，就推測等等應該會再出現更高價格，或盤中看到大單買盤持續出現就感覺一定是有更強力的支撐，股價肯定會再創新高。盤中總是很專注地盯著買賣盤的變化，以及看著帳面上的未實現損益，心情跟著各種數字在跳動。但市場變化的節奏很快，有時候早盤獲利只是一瞬間，不少短線當沖客在盤中會陸續獲利了結，股價會開始下跌走勢由紅翻黑，原本早上賺到的價差變虧損累累，在不得不賣出手中部位的情況之下，常常賣在最低點。」偉志向我說明盤中交易的各種情境。

🌀 見樹不見林

一般投資散戶容易犯的錯誤通病就是過度交易，以及在意短期的漲跌，光看幾個小時或幾天的走勢，就影響到

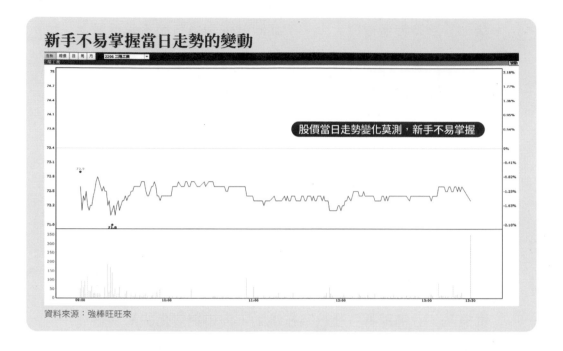

新手不易掌握當日走勢的變動

股價當日走勢變化莫測，新手不易掌握

資料來源：強棒旺旺來

交易進出場的策略，即使有獲利也只是小賺就跑，而且還會支付高額的投資成本。

　　K 線圖的週期看太短，只看到股價上上下下的波動，並無法看出整體明顯的趨勢，在沒有方向的趨勢裡進行交易，是散戶不容易賺到大錢的主因。該如何挑選技術分析的 K 線圖？我建議投資人選擇穩定度較高的週 K 線為主，因中長週期的週線圖趨勢較為明顯好判斷。

窮人看漲跌 富人看趨勢

證券商曾經是我最熟悉不過的地方，在那裡我體驗了交易五味雜陳的心情，也看過各式投資人的行為模式，而我總是會去分析他們之間的差異。「窮人看漲跌，富人看趨勢」，是我覺得形容輸家和贏家最貼切的一句話，輸家專注的點和贏家不一樣，輸家過度沉浸在短期市場的波動，每天汲汲營營地想從短期走勢裡賺取價差，贏家的行為模式和輸家截然不同，而且是天差地別，比起短期波動，贏家更在意的是市場的長期趨勢，從波動中找到趨勢是贏家更樂見的。

美國華爾街投資大亨——傑西李佛摩有一句交易經典名言：「大錢是坐著等來的。」呼應了富人看趨勢的理論，說明投資人要賺大錢勢必要參與趨勢，且耐得住性子等待。一般人看到帳面上開始出現獲利時，腦中很自然會出現想獲利了結的念頭，在趨勢還沒結束前就自行獲利了結，是無法參與大趨勢為投資人所帶來的甜蜜點。

賠錢是賺錢的必經之路

交易沒有早知道，只有到時才知道。市場上，許多投

資人會以為預測股價未來的走勢是交易必備的日常，但是金融市場之所以有趣且迷人的地方就是在於它瞬息萬變無法預測。投資人進市場一心想獲利，經常忽視風險，孰不知風險和利潤是如影隨形，一旦參與市場就勢必認識風險，做對方向時風險會隨著時間逐日遞減，獲利幅度與日俱增，虧損機率也就越來越低。

◆━ 女王投資金句 ━◆

慢慢來不會比較慢。

分手時要捨得離開

不少投資人知道交易要嚴守紀律以及停損的重要性，但知道和做到卻是兩回事，當真正要執行停損時卻變得畏縮，行為和思想出現了表裡不一的情形，該執行停損時卻執意不賣出股票，深信股價總有一天會再漲回來，找了各種完美的理由來掩飾自己的懦弱，相信這樣的心情都曾經出現在你我的交易情境中，因為沒人喜歡賠錢。

交易沒有遵守紀律，不按牌理出牌是件非常危險的事情，停損是投資人在市場的保命符，當危險來臨時先撤退

確保安全，「留得青山在，不怕沒柴燒」。市場永遠在，交易大門隨時為你而開，只要有穩定的投資策略和健全的投資心態，就有機會在市場中獲利，千萬不要和市場作對，認真看待自己辛苦攢下來的每一筆，一分一毫都該用心對待。

📈 飆股女王指點迷津

做人要有所本，就像交易有準則一樣，買股票的準則是要買在趨勢形成時、賣在趨勢結束時，賺該賺的利潤，賠該賠的價損。「超簡單投資法」就是要讓投資人進退有依據，買在股價站上週 20MA 之時、賣在跌破週 20MA 之時，四大法寶可以當作投資人的護身符。另外，進場後當停損條件未發生時不要預測立場，也不要猜測未來行情，該出場時就出場，雖然追高、殺低、認賠是違反人性的行為，但必須要克服心理障礙關卡，重複執行同一套方法操作才能降低損失、穩定獲利。

第 5 章

超簡單投資法
助你輕鬆獲利

練就選股實力，
從每一次的交易中學習，
讓投資這件事變成是一步一腳印的
築夢踏實過程，
創造翻倍的績效亦非難事。

5-1
不盯盤賺更多
優雅獲利不是夢

> "用有限的虧損金額去換取無限的利潤,真正做到以小博
> 大、大賺小賠,這才是股市贏家的獲利密技。"

交易和你想的不一樣,很多投資散戶總是以為買賣股票就勢必要每天盯著盤面看,看著紅紅綠綠的股價跳動,有一種令人安心的參與感;或是四處打聽市場各種消息,加入財經投資群組聊天,向同溫層相互取暖,一窩瘋跟著買進賣出,其實這都是大錯特錯的投資行為。

「投資」一輩子都是自己的事情,運氣好時別人或許偶爾幫你賺到錢,但絕對不可能幫你賠錢,最終對投資要負責任的還是自己。所以,在踏進股市之前,請務必檢視個人的財務狀況、交易喜好、投資週期、風險承受,經過

評估後，再自己獨立完成操作。只要進場前做好萬全的準備，設定好停損，下完單後就可以關掉電腦，優雅自在的去過生活，「盤」根本不用看。至於交易結果究竟是獲利？還是虧損？終究是由市場的買賣行為所決定，只要跟上趨勢列車，即便沒看盤照樣能獲利滿滿。

「大賺小賠」的超簡單投資策略

實際投資的績效不可能達到零虧損，更不會檔檔賺，「買在最低點、賣在最高點」以及「穩賺不賠」，那都是投資人一廂情願心存幻想的美夢，現實並不存在。網路上充斥各種投資神人軼事經過不斷渲染傳播，讓許多投資新手在不知不覺中潛移默化，真的以為誇大不合理的一夕致富才是真實的市場，沒有獨立判斷的投資腦去明辨是非，一不小心就會損失慘重，就像是遇到花言巧語的詐騙集團，當發現是一場騙局之後，有時已萬劫不復。

經歷過 25 年的投資生涯、11 年的教學經驗，看到周圍的親朋好友及在教學時看著許多茫然的學員，我非常清楚大家在交易時會遇到的魔王關卡，必須逐一擊破才有辦法提升經驗值，順利破關。「超簡單投資法」一定能成為

大家在股市的生存法則，進場之前請做足準備，詳細的策略規劃、交易前的風險評估，用有限的虧損金額去換取無限的利潤，真正做到以小博大、大賺小賠，這才是股市贏家的獲利密技。

⚡ 投資能夠簡單何必要複雜？

被譽為世紀天才的達文西曾說：「簡單是複雜的極致」。大道至簡，所有簡單的道理都是經由複雜過程，不停地去蕪存菁、化繁為簡所得到的最終答案。超簡單投資法是我鑽研各種投資方法之後，整合技術分析的量價關係，有別於其他的投資方法，不需要看基本面、財報分析、公司營收、每股盈餘等數據，只需要專注於股票的週 K 線圖，透過最透明的技術分析指標，包括均線、趨勢線、型態、成交量等所謂的「四大法寶」，就可以在 1 秒判多空，快速找到最具有潛力的強勢股。

投資有賺有賠，每個人能夠找到一個可以重複執行、且成功能被複製的投資方法，那就是真實且正確的投資法了。以下分別就成功案例、失敗案例進一步說明「超簡單投資法」的四大法寶如何檢視股票。

📈 成功案例 1：亞航 持股 6 個月獲利翻倍

以航運族群的亞航（2630）為例，2023 年 2 月 10 日當週收盤價 17.2 元，即站上週 20MA 的 16.74 元，行情後勢偏多看待，股價持續走揚，突破下降趨勢線及盤整型態，停損價設移動停損的週 20MA，沒跌破前不自行出場，直到 2023 年 8 月 4 日的當週收盤價 38.9 元，跌破週 20MA 的 39.84 元出場，投資報酬率為 126%。

亞航（2630）進場點

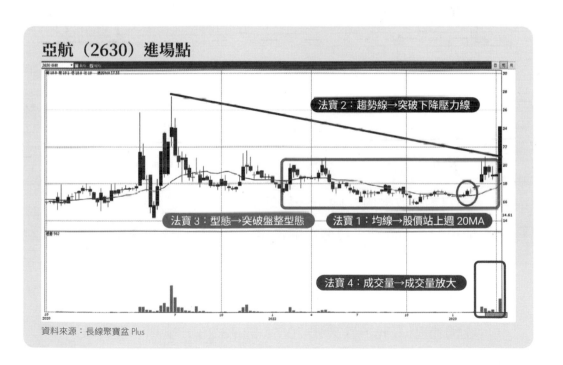

資料來源：長線聚寶盆 Plus

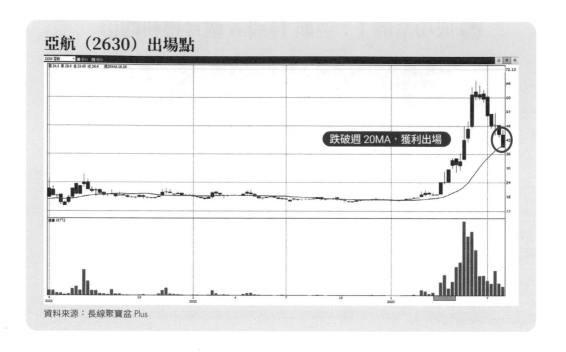

亞航（2630）出場點

跌破週 20MA，獲利出場

資料來源：長線聚寶盆 Plus

📈 成功案例 2：三陽工業 半年獲利逾 80%

　　以汽車族群的三陽工業（2206）為例，2023 年 2 月 17 日當週收盤價 39.4 元，即站上週 20MA 的 36.2 元，行情後勢偏多看待，股價持續走揚，更突破橫趨勢線以及完成 W 型態。接續股價持續上漲，停損價設定移動停損的週 20MA，沒跌破前持續抱，直到 2023 年 8 月 18 日的當週收盤價 71.5 元，跌破週 20MA 的 73.28 元出場，投資報酬率為 81%。

三陽工業（2206）的進場點

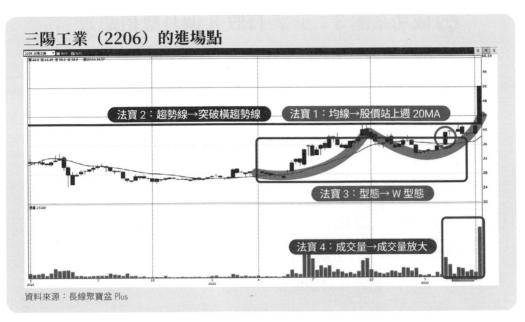

資料來源：長線聚寶盆 Plus

三陽工業（2206）的出場點

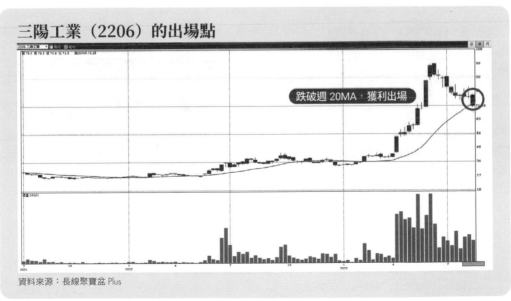

資料來源：長線聚寶盆 Plus

📈 成功案例 3：華孚 持股 8 個月雙倍績效

　　再以電腦周邊族群的華孚（6235）為例，2023 年 1
月 17 日的當週收盤價 36.1 元，即站上週 20MA 的 35.5 元，
此時進場接著行情後勢偏多看待，股價持續走揚，接著突
破橫趨勢線，以及完成 W 型態，成交量也有明顯放大呈現
爆量。停損價設定移動停損的週 20MA，在股價沒有跌破
之前，不自行出場，一直持股續抱直到 2023 年 9 月 22 日，
當週收盤價 131 元，在跌破週 20MA 的 135 元時出場，
這一檔的整體投資報酬率為 262%。

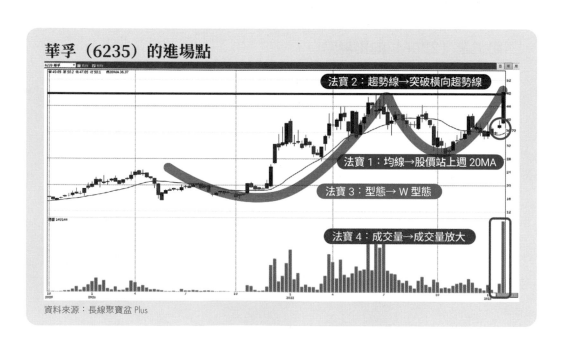

華孚（6235）的進場點

法寶 2：趨勢線→突破橫向趨勢線

法寶 1：均線→股價站上週 20MA

法寶 3：型態→ W 型態

法寶 4：成交量→成交量放大

資料來源：長線聚寶盆 Plus

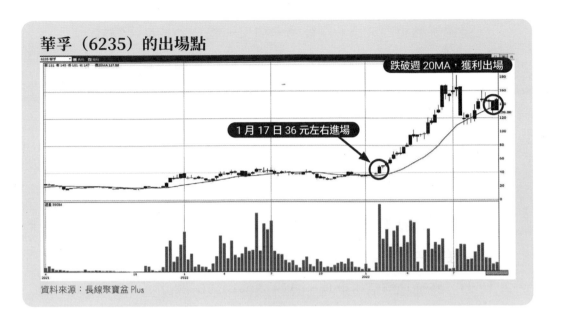

華孚（6235）的出場點

跌破週 20MA，獲利出場

1月17日36元左右進場

資料來源：長線聚寶盆 Plus

　　上述 3 檔股票都是以「超簡單投資法」所選出來的股票，並且符合四大法寶的條件買進，進場之前也做好退場機制，帶著淡定的心態等待；市場的走向、最後的結果，交給市場決定。除了進場時要看盤之外，出場更可以透過電腦停損單，交由工具幫你執行，你能做的只有等待結果，讓投資操作真正能夠達到化繁為簡的境界。

　　我們從亞航、三陽工業、華孚來看，這 3 檔股票的投資績效各有千秋，有翻倍、有翻 2 倍、最少也有 80% 的成績，不要執著於每檔都要有翻倍的績效，有時一檔真的會

勝過好幾檔的成績。在經過一檔又一檔成功的交易模式，財富就在無形之中累積起來，這是我認為最適合普羅大眾又有效率的投資方法。

不預測走勢 順應市場趨勢

以上說明了成功案例之後，我們來看另一種多數人都會遇到的股票走勢情況，那就是漲多拉回該怎麼辦？前面有解釋四大法寶的正確運用，當你找到一檔股票極具潛力，經種種評估後進場，持股續抱一段時間之後，發現股價下跌直逼週 20MA 的停損點。

現在試著想像此時你內心的想法，相信大多數的投資人會產生「早知道就應該賣在高點，現在拉回將原本的獲利都侵蝕掉了」的懊惱情緒。這代表你並沒有真正了解金融市場的運作，股價會波動屬於正常現象，看到股價拉回容易陷入自己嚇自己的情境中，然後因為內心害怕而錯殺金雞母，往往提早下車的結果，就會看到股票正通往更美好的目的地，而你不在車上，看不到目的地的美景了。

所以，請調整投資心態，若進場之前已設定移動停損的週 20MA，就請將它視為與大盤的諾言，沒有觸及到

停損點之前就不要害怕、不要出場。相反的，若是股價
觸及到停損點，也請毫不留戀地瀟灑離開，這才是正確
的操作原則。從下圖富喬（1815）為例，在符合四大法
寶時進場，股價呈現上漲又拉回、又上漲再拉回⋯⋯等 3
個回合，但都沒有真正跌破停損點週 20MA，隨著時間向
前推進，移動停損週 20MA 也逐步往上移，當初的停損
點早已轉為停利點，所以這一檔投資標的並不會因為拉
回走勢而賠錢。

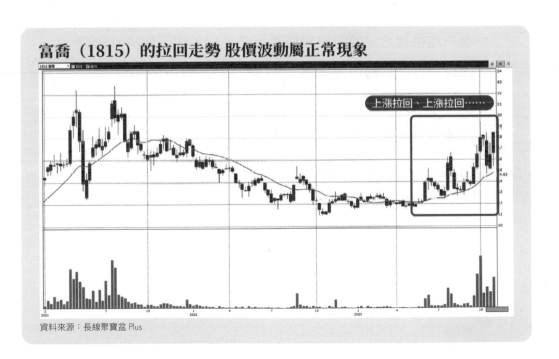

富喬（1815）的拉回走勢 股價波動屬正常現象

資料來源：長線聚寶盆 Plus

⚡ 交易沒有穩賺不賠

　　金融市場千變萬化的各種走勢，從來都不是任何人可以提早料想得到的事，想和大盤對抗或是企圖想控制它，都是絕對不可能的。不管是生活或是投資，大家都應該知道事事無絕對的道理，有些人機遇好，一路過得順風順水，以為就這麼平步青雲，晚年卻可能遭逢變故，命運一夕之間反轉的大有人在，在一輩子未走完之前都不會知道結局。

　　套用在投資也是相同道理，買股票沒有保證穩賺不賠，每一種投資方法都是教導投資人盡量能獲利，但絕非萬靈仙丹。以「超簡單投資法」篩選出的股票，並不代表符合四大法寶條件就一定會大漲，只是勝算的機率比較高，實際的走勢結果仍需要等市場走完才會知道，當股價跌破停損價時請務必出場，確實執行「贏要拿、輸要給」。

　　以下頁圖廣錠（6441）為例，股價完全符合四大法寶，包括站上週 20MA、突破下降趨勢線、有型態出現、成交量也有放大，但偏偏股價不溫不火，沒有亮眼的走勢，最後還站不穩而跌破週 20MA，按表操課應該當機立斷停損出場。

廣錠（6441）的股價走勢

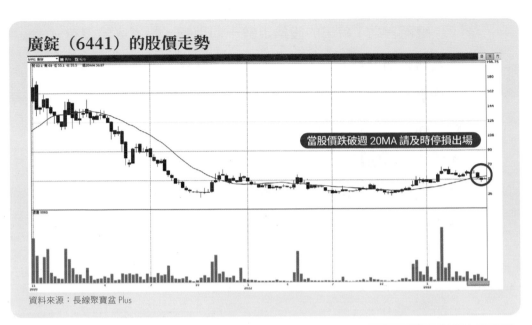

當股價跌破週 20MA 請及時停損出場

資料來源：長線聚寶盆 Plus

廣錠（6441）跌破週 20MA 停損出場後 股價再創新低點

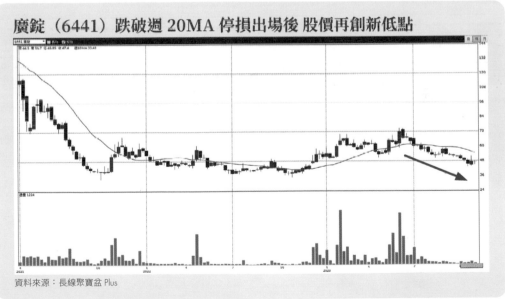

資料來源：長線聚寶盆 Plus

　　總而言之，每天的股票走勢千迴百轉，投資人若沒有一套可行的投資方法，非常容易迷失在茫茫股海中。你一定要非常明白金融市場的真實樣貌，不求時時掌握高低點，而是要花時間投入看圖選股，練就選股實力，從每一次的交易中學習，讓投資這件事變成是一步一腳印的築夢踏實過程，甚至創造翻倍的績效亦非難事。當你對股價不忮不求時，就代表你的投資心境更上一層樓了。

5-2
一招打遍金融市場
「超簡單投資」暢行無阻

"投資人只要熟悉「四大法寶」的操作邏輯，不管身處在世界的哪一個國家，都能夠不費力地進行投資。"

每個人在剛開始學習投資時，非常容易產生「交易聖杯」的迷思，心心念念地在尋找開啟財富大門的金鑰，總認為投資肯定有終極絕技，就像武俠小說中，各路門派爭相搶奪的《葵花寶典》，只要學成寶典裡的招式，就能打通任督二脈，練就絕頂武功當上武林至尊，招招致勝，從此不再有對手。

可惜的是金融市場並不是武林大會，並不存在武林秘笈，反而比較像是人性的修羅場，修練的是心而不是招式。投資方法百百種，就好像是江湖上的各種門派，但多數的

股市常勝軍都是贏在「心性」，所以找到適合自己的投資方法，秉持著百分百的信念，遵守紀律的執行交易，那就是最實際的投資方法。

「超簡單投資法」是一套能夠運用在全球所有金融商品上的投資方法，包括國內外股票、期貨、外匯、原物料、農產品……等。舉凡有 K 線圖的金融商品都可以適用，主要概念是運用大數據，進一步解析市場的交易實況，投資人只要熟悉「四大法寶」的操作邏輯，不管身處在世界的哪一個國家，都能夠不費力地進行投資。

任何金融商品都適用

拜無遠弗屆的網路科技所賜，拉近了人與人之間的距離。因為推廣超簡單投資法，讓我與來自世界各地的學員有所接觸，這是意想不到的驚喜，也是讓我持續推動化繁為簡的生活交易的動力，我希望大家都能因為認識「超簡單投資法」，而改善生活品質，讓自己更有餘裕。

在教學的這些年之間，曾經遇過一位長年旅居美國的學員特地回台獻花，以及遠嫁瑞士的學員攜家帶眷返台，只為了學會這一門專業的功夫，這兩位學員讓我印象非常

陸股也適用超簡單投資法 韋爾股份（603501）的週 K 線圖

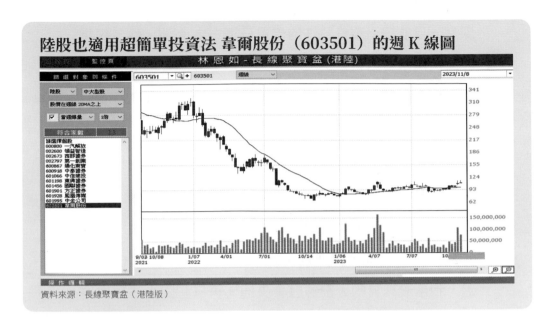

資料來源：長線聚寶盆（港陸版）

美股也適用超簡單投資法 微軟（MSFT）的週 K 線圖

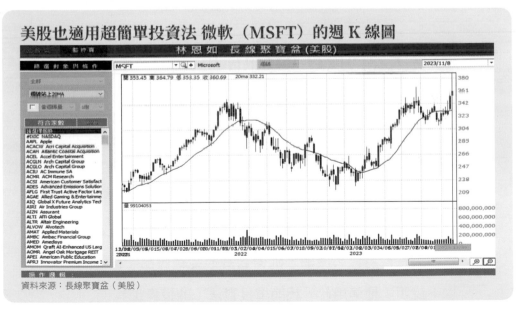

資料來源：長線聚寶盆（美股）

深刻。目前超簡單投資法的學員已遍布 5 大洲，除了經常收到台灣學員對帳單的分享之外，也會收到其他海外學員的對帳單，移民到美國的學員投資美股、澳洲學員投資澳股、馬來西亞學員投資馬股、新加坡資產管理公司的 CEO 投資美元、香港的學員投資港陸股，以及大陸的銀樓老闆交易黃金等。

所有金融商品市場組合的方式都相同，皆是透過交易買賣雙方所組成，只要理解超簡單投資法的交易核心基礎，利用最真實的大數據融會貫通，再搭配四大法寶做進一步的判斷，沒有什麼不能交易的金融商品。

❖ 7 大熱門投資工具報你知

「超簡單投資法」是以技術分析為主的投資方法，過多的技術分析指標時常讓投資人看不懂，甚至不得其門而入，所以我將各種技術分析指標精煉成「四大法寶」，包括均線、趨勢線、型態以及成交量。看似簡單的 4 種指標，同時運用起來可是戰力滿點，是找強勢飆股的最佳利器。以四大法寶為核心原則，延伸到其他金融商品照樣適用，以下說明 7 種適用於「超簡單投資法」的投資工具：

投資工具 1 基金

「投資一定有風險，基金投資有賺有賠，申購前應詳閱公開說明書。」相信大家聽到這句台詞一點都不陌生，這是金管會規定業者在行銷廣告時，一定要加註的投資警語。早期網路資訊尚未如現在這麼發達時，很多人不知道應該怎麼投資，往往會透過銀行或基金公司申購基金的方式來進行。

一般較常見的公募基金是由發行公司向不特定的投資大眾公開募資，再將募資的錢交由基金經理人管理進行交易買賣，又稱主動式基金，因為投資的組合和策略及進出點都是由基金經理人主觀進行，等於是把錢交給別人，由他人來幫你進行投資，不管賺賠結果都要支付交易相關費用，包括基金申購手續費、經理管理費、信託保管費等。現在學會「超簡單投資法」，自己就能判斷選擇基金標的，不用再透過理財專員口沫橫飛地介紹了。

投資工具 2 債券

「債券」（Bond）是發行方和投資人借錢所發行的憑證，依發行主體可區分為政府債券、公司債券及金融債券。投資人可以想像成借錢給政府或某家知名大企業，以賺取

利息收入。沒有任何一項投資是零風險穩賺不賠，債券的風險就是必須承擔債務人違約的風險，當發行方無力償還時不支付利息，以及失去返還本金的風險。

債券和股票相比相對波動較低，並且是有固定報酬的金融商品。至於債券應該如何挑選？建議買進債券時應注意債券的風險信用評價、到期殖利率（Yield to Maturity）等，不熟悉操作債券的新手，最好選擇高信評 A 等級的政府公債入手。

投資工具3 指數型股票基金（ETF）

「ETF」（Exchange Traded Funds）全名是指數型股票基金，將指數證券化，投資時僅需關注所追蹤的指數，不用花時間研究個股，又稱一籃子的股票。大家最熟悉的台股 ETF 包括 0050、0056，投資的方法與交易模式和股票完全相同，只要有開立證券戶就能進行交易。

近年來越來越多投資新手投入股市，ETF 成為最容易入手的商品。根據集保結算所統計，至 2023 年 10 月中，國內 ETF 總受益人數已達 560 萬人，可見 ETF 深受投資人喜愛。隨著成交量與日俱增，金融機構也陸續推出不同種類的 ETF，選擇也更多樣化，例如 2 倍做多的槓桿型、

反向的 ETF 等，投資人應該充分了解市場、產業類別、風險程度後才能進場買進。

投資工具 4 　台股

「台股」是台灣投資人的主要戰場，台股中的股票是指在台灣證券交易所（TWSE）掛牌上市、在證券櫃檯買賣中心（OTC）上櫃的公司，大家沒有語言的隔閡，資料取得方便、交割匯款便利，大家也熟悉交易法規、交易機制，所以在投資操作上是最得心應手的投資商品。

投資工具 5 　期貨

「期貨」是衍生性的高槓桿金融性商品，在東方最早起源於日本江戶幕府時代，當時因為時局動盪不安，不少農產品包括米的價格受到影響，米商為了鎖住價格，於是和種稻的農夫簽訂契約，雙方約定在稻米收成後以合約中所約定的價格履行，之後延伸到現代。

期貨市場提供多種不同屬性的商品合約：包括黃金、石油、農產品、原物料、指數期貨、外匯、股票期貨等。不同的期貨合約皆有不同的風險，期貨商品的特色是高槓桿、市場變化快速，價格波動劇烈，不確定性高，投資人應具高度的風險意識，評估自身的能力，避免產生不

可控的風險。期貨與現貨具有互補作用，也屬於避險工具之一，建議大家除了學會現股操作之外，也需要學會期貨交易。

投資工具 6 美股

「美股」指的是在美國 3 大證券交易所，包括紐約證券交易所（NYSE）、那斯達克證券交易所（NASDAQ）、美國證券交易所（AMEX）掛牌上市的股票。

美國是全球最大的經濟體系，資本市場和其他國家相比都更成熟穩健，財報資訊透明、交易制度健全、市場流動性佳、股價不易受到人為操控，投資者眾多。美股市值更是占了全球股票市值 42%，許多眾所知名的大型龍頭企業都會在美國掛牌上市。例如：大家耳熟能詳的 Microsoft、Meta、Google、Coca-Cola、Starbucks、Apple、3M……等全球企業。市場也有此一說：「放眼天下，投資美股就等於投資世界級一流的好公司。」

在台灣若想投資美股的管道有兩種方法，一是透過國內證券商開立複委託，或者是在海外券商開立證券戶，兩種開戶管道都有人選擇，就像出國旅行有人喜歡跟團，有人喜歡自由行，主要差異是交易成本及服務。

投資工具 7 **海外期貨**

　　海外期貨交易的商品較為廣泛，有各國的指數、外匯、能源、原物料、農產品等，海外期貨和國內期貨的差異在於交易時間長、交易量大、商品種類眾多，除此之外交易的方法都相同，投資人只是選擇不同商品合約而已。

　　金融市場是一個非常多元的開放市場，投資人認識琳琅滿目的投資商品之後，可依自己的年紀以及對市場的熟悉度、風險承受度、投資喜好、交易週期選擇自己想要投資的商品。「超簡單投資法」可以套用在全世界所有的金融商品，只要將四大法寶運用得宜，錢進全世界非難事。

5-3
大型股、小型股
別傻傻分不清楚

"評估自身的風險接受度,再進一步選擇哪一類的股票,以建構符合自己需求的投資組合,以及明智的投資策略。"

投資新手在進入股市之前,對於「股票」兩個字通常是最熟悉的陌生人,這怎麼說呢?大家都知道股票投資,就是買進某一家上市公司所發行的股票,希望投資這檔股票後能夠帶來獲利,為自己打開財富大門。

但是,有多少人能真正明白「股票」的樣貌,那就不一定了。在這個章節將和大家分享「股票」的區別,以及如何敏銳地找到大型龍頭股,提早別人搶先布局,提高投資勝率。

📈 股票竟然有大中小之分

　　相信大家經常在財經新聞中聽到大型股、中型股、小型股，它們到底如何區分？對投資人在選擇投資標的時是否會有影響？通常我們會依證交所市值排序的大小或股本來區分股票的規模，市值前 50 名的成分股或股本 20 億元以上可稱之為「大型股」，例如台灣前 50 大的公司；市值 51 名～ 150 名或股本 10 億～ 20 億之間，可稱之為「中型股」，通常是指「台灣中型 100」；市值第 151 名之後的公司統稱為「小型股」。

　　市值是衡量一家公司在股票市場上的價格總值，又稱資本總值，是根據市價和流通在外的股票總數做出計算，也就是由該公司的股價乘以總發行股數所得出的數字。市值的升降反映出市場對該公司的前景是否看好，也代表著投資人對這間公司的信心程度。2023 年台灣的護國神山台積電（2330）的市值高達 14 兆元，穩居龍頭地位。

> **股票市值計算公式**
>
> **市值＝股價 × 流通在外股數**

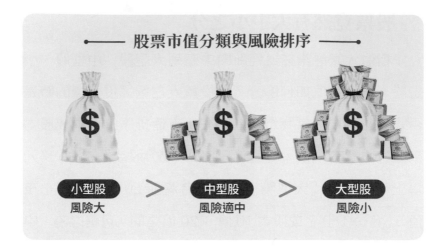

股票市值分類與風險排序

小型股 > 中型股 > 大型股
風險大　　風險適中　　風險小

大型股 投資人首選

　　所謂大型股通常都是產業龍頭公司，擁有龐大的市占率及穩定可觀的營收，正因為公司規模龐大，在股市的流通性比較高，代表投資人可以容易的進行自由買賣，市場上很多投資人偏好投資大型股，不愁沒有人買。

　　此外，大型股因為樹大招風，為了要對廣大的股東負責，其公司的各種可揭露的資訊都是非常公開透明，也受到一定程度的稽核及檢視，相對具有較低的風險水準，所以大型股是非常適合風險承受度較低的投資人作為首選。

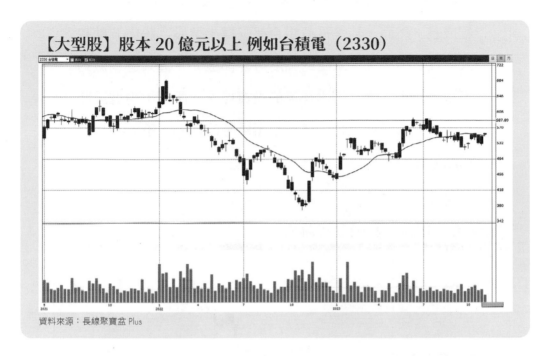

【大型股】股本 20 億元以上 例如台積電（2330）

資料來源：長線聚寶盆 Plus

中型股 平衡投資組合

　　顧名思義「中型股」的公司規模不及大型股企業，但也不至於像「小型股」的規模。這些公司多數在其產業中占據較為有利的地位，但資源及市占率較為有限。中型股的風險適中不高也不低，通常也是投資人選擇平衡風險的投資標的。

　　舉例來說，如果投資組合都是大型股，股價波動較低，長期下來都沒什麼明顯的漲跌時，風險雖然低，但報酬微

幅成長；然而，若是投資組合都選擇小型股，股價波動較大，風險相對高，賺賠的幅度可能都很大，這太過刺激的表現，也不太適合細水長流的投資操作。所以，中型股此時就能加入投資組合，達到平衡風險的目的，不大不小一切剛剛好。

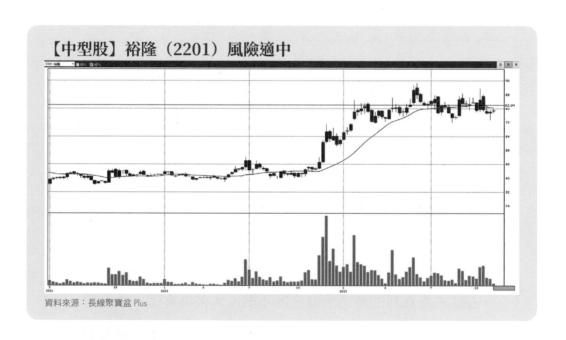

【中型股】裕隆（2201）風險適中

資料來源：長線聚寶盆 Plus

小型股　流通性低不保險

最後則是「小型股」，其公司的市值規模較小，通常處於成長和發展的初期階段，同時具有較高的增長潛力，

不過也伴隨著較高的風險。出現有爆發力的表現時，投資人賺價差非常開心；相反的，若是表現不如預期，股價下跌的力道有時非常凶猛，投資人可能來不及出脫持股而慘被套牢，這也是因為小型股的流通性相對較低，使投資人在買賣股票時可能會遇到困難。但這並不代表小型股不能投資，有些人就是喜歡重押小型股來賭賭看暴漲的可能性，但必須要更有風險意識的考量才能投入，才不會一次 ALL IN 就從股市畢業。

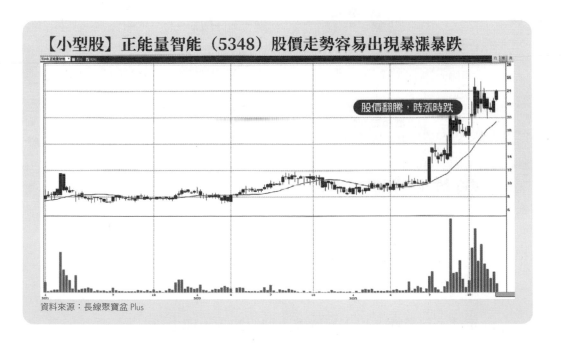

【小型股】正能量智能（5348）股價走勢容易出現暴漲暴跌

股價翻騰，時漲時跌

資料來源：長線聚寶盆 Plus

總括來說，市值大小是影響股價的重要因素之一，它反映了公司的規模、商譽、競爭地位、風險程度以及投資人信心，投資人在選擇投資標的時，請根據自己的風險接受度和投資目標，考慮不同市值的股票組合，讓投資策略能發揮最大的效益。

台股中的大型股、中型股、小型股對照表

市值分類	大型股	中型股	小型股
定義說明	市值排行較高或股本 20 億元以上	股本介於 10 億～20 億元之間	股本低於 10 億元以下
相關對應 ETF	元大台灣 50（0050）富邦台 50（006208）	元大中型 100（0051）	—

挑大型股下手較穩健

「超簡單投資法」倡導波段趨勢操作，建議投資週期為中長期，所以當投資人決定進入股市時，選擇大型股是相對穩健的投資策略，因為這些公司市值高，有一定的穩定性及可靠性。以下是選擇大型股的 5 大理由：

理由 1 位居產業領先地位

大型股通常是指台灣前 50 大市值的大公司，例如台積電（2330）、聯發科（2454）等無人不知曉的大型企業，在半導體產業名聲響亮，甚至在海外也聲名遠播，是該產業的指標企業。無論是市場占有率或是品牌識別度都較高，也代表這些公司通常能夠保持競爭優勢，屬於產業中較為穩定的地位。

理由 2 穩定的營收實力

因為公司體質穩健、競爭優勢強大，相對的會反映在營收表現上，源源不絕的訂單收益，讓公司有更多的資金挹注在產品研發，推出更好的產品與技術，保持公司的競爭優勢。大型公司通常也擁有強大的資金實力及良好的財務基礎，使公司能夠面對經濟波動與市場變化，在景氣不好時，有龐大的資金基礎度過難關。

理由 3 穩定的股息收益

參與大型股的投資人眾多，加上亮眼的營收成績，所以每年都可以穩定地配發股息給股東，讓投資人都能享受到現金的報酬，因為具有穩定收益，對保守型投資人極具吸引力。這有點像是許多人都愛的存股，不以賺價差為優

先考量，反而是以每年回收的配息為投資目的。

理由 4 市場流動性高

所謂股票的市場流動性高是指容易買賣的特性。舉例來說，從二手車市場可以發現，Toyota 汽車的流通性很高，因為它的銷售量龐大、汽車品質穩定、性價比高，受到多數人的青睞，所以在市場上的買賣就更加容易。同樣的情境套用在股票市場，大型股通常不會受到市場波動的過度影響，走勢相對來說比較不會大起大落，也意味著投資人可以相對穩定的價格買進與賣出這類的股票。

理由 5 市場風險較低

相較於中小型企業，大型公司通常具有更低的破產風險，以及更穩健的營收能力，不要小看這些原因，這都可以降低投資人所面臨的風險。然而，即使是選擇投資大型股仍然要重視可能的風險，低風險不代表零風險，必須謹慎評估退場機制，不要因為低風險就忘了有風險的存在。選擇大型股是相對穩健的投資策略，但也需要運用「四大法寶」——均線、趨勢線、成交量、型態進行檢視，同時要留意市場變化。

綜上所述，大型股、中型股和小型股代表不同類型的

投資選擇，每一類型有其特定的風險及報酬特性。投資人必須根據自己的投資個性，評估自身的風險接受度，再進一步選擇哪一類的股票，以建構符合自己需求的投資組合，以及明智的投資策略。

超簡單投資法建議一般投資人買股以股本大於 20 億元以上的大型股為主，中型 100 成分股為輔，因為中大型股的公司結構穩健，在市場上具有高度的信評及聲譽，資訊透明且財務狀況良好，是市場上公認的資優生。當技術分析 K 線圖符合四大法寶時，投資人嚴設停損進場買股後可以「買得安心、抱得牢、睡得著」。

然而，小型股也有它的優勢，並不代表完全不能買進，而是應將風險考量及承受度納入，可以接受的人可適量進場，因為小型股的走勢相對活潑，股價有機會出現驚人的表現。

5-4
股票投資要講究
「順其自然」

"有時將財金觀念套進生活之中，你會發現一理通百理通，融會貫通之後，就能更有耐心且客觀去看待盤整走勢了。"

超簡單投資法的主要核心精神是順勢交易，根據市場的長期趨勢方向制定交易策略，簡單來說就是不預設任何立場，緊跟著大盤走，大盤走多頭時行情好就做多，大盤走空頭時行情不佳就放空或減碼。

用趨勢來判別金融市場行情的多空是一件非常科學的事，就像是漁民要出海之前，必須評估海面氣象，根據季節、氣候、風向來決定是否要出海，不同的漁獲有不同的條件。某些魚種需要在特定的天氣和條件下更容易捕獲，正常來說好天氣時視線佳，不用擔憂突如其來的狂風大

浪，可以降低風險避免海上事故的發生，讓漁民安心捕魚，至於最終能不能滿載而歸，就得看老天爺了。看懂海面氣象是漁民求生的基本技能，因為種種條件都會影響到漁民的生命財產安全，順風順水極為重要，就如同投資人必須看懂股海的趨勢方向，才能順應盤勢做出明智的決策。

📈 讀懂 3 種大盤走勢

　　投資大師巴菲特曾說過：「金融市場沒有新鮮事。」現實的金融市場確實如此，股票的走勢無非就 3 種情況，包括上漲、下跌、不漲不漲，真的沒有其他的盤勢了。投資人應該用長期投資的視角，宏觀的格局來看待投資這件事，杜絕市場雜音、無效資訊，專注在長週期的趨勢，而不是每天打聽小道消息和盯著股價起伏。

　　股票的市場趨勢分為多頭趨勢、盤整趨勢、空頭趨勢，我將這 3 種趨勢轉化成大盤的紅、黃、綠 3 個燈號，讓投資人以最簡單直覺的方式判斷市場行情的多空，和趨勢站在同一邊，才有機會獲利。

多頭趨勢 布局多方標的

　　多頭趨勢又稱上升趨勢（Bull Trend），市場在這個

階段的走勢呈現大漲小跌的特色，每次的修正不會跌破週20MA，而且價格會不斷地創新高。大盤紅燈，均線呈現多頭排列，指數大於日 20MA 及日 100MA；而日 20MA 在上、日 100MA 在下的排列組合，且呈現多方趨勢，稱之為「長線保護短線」，如此的排列組合則更有利於多方發展。

空頭趨勢 布局空方標的

空頭趨勢又稱下跌趨勢（Bearish Trend），市場在這個階段的走勢呈現大跌小漲，每次的反彈不會突破週20MA，而且價格會不斷地創新低。大盤綠燈，均線為空頭排列，指數小於日 20MA 且小於日 100MA。空方與多方是鏡像的概念，大部分的投資人都習慣操作多方交易，這和人性不喜歡「輸」的弱點有關，不過投資是一輩子的事，一定會遇到很多次的多空洗禮，如果不了解空方趨勢的特性，不懂如何布局空方股票，那將會失去許多累積財富的機會。

盤整走勢 不上不下最磨人

盤整又稱為區間震盪（Sideways or Range-Bound Market），股價會在某個特定區間上下徘徊不前，此時

240

可以非常明顯知道市場並沒有出現趨勢。大盤亮黃燈，均線糾結，指數小於日 20MA 大於日 100MA，或指數小於 100MA 大於 20MA。

　　大盤有 7 成的時間都處於盤整，可以說是金融市場的日常，就像人生多數的日子也是平凡無波，總不會天天有高潮迭起的刺激，有時將財金觀念套進生活之中，你會發現一理通百理通，融會貫通之後，就能更有耐心且客觀去看待盤整走勢了。

　　順勢交易投資人在進場前應視大盤燈號再進行操作，需要克服市場短期的波動，交易市場漲跌皆屬自然現象。投資人應專注在長期的趨勢方向，當趨勢方向沒有改變之前，絕對不要輕舉妄動，不要自己嚇自己，自認為股價漲太多了，在股票市場上預設立場，通常都是庸人自擾，扼殺獲利的金雞母。

培養族群選股的敏銳度

　　台股市場多達上千檔的股票，投資人往往不知道應該如何下手，才能找出強勢股。首先，你必須要知道的是新聞上經常提到的股票族群定義，當你在選擇標的時，才會

清楚知道這檔股票的產業表現,從整體產業的表現可知是否為主流類股,再從主流類股中去發掘強勢潛力股布局,其實投資應該是有層次的操作,絕對不是像射飛鏢能百發百中。

族群類股是指將股市中的各公司依照其所屬的行業或產業進行分類,把一樣產業的公司聚在一起成為一個大族群。這樣的分類方式可以幫助投資人分門別類,也可以了解不同產業的特性、趨勢發展,以及整體的市場狀況。舉例來說,航運類股通常包括其上中下游的公司,像是貨櫃海運的長榮(2603)、陽明(2609)、萬海(2615);以及散裝航運的益航(2601)、新興(2605)、裕民(2606)等,他們聚集一起成為航運概念股。

由於「超簡單投資法」以技術分析為主,所以不用特別關注產業動態,只要看得懂四大法寶的技術指標就能選出強勢股票。因為 K 線圖是市場行為的顯現,是最真實的量價關係,絕對不會有人為造假的技術指標。當你看到某一族群經常出現在投資 App 工具「強棒旺旺來」的前 10 名或「長線聚寶盆 Plus」有星星的標的,那就代表它的股價未來極具潛力可以多加留意。

　　然而，平時有認真打開工具定期追蹤，會進一步發現強勢股通常是特定族群，代表該族群目前是大盤的領頭羊主流類股，相同群組有連鎖效應。當市場的資金流向都在這個族群時，同群組的標的非常容易一起上漲，當從 K 線圖的四大法寶看出端倪之後，接著才會看到新聞播報某一產業的利多消息，例如營收成長、毛利率增、訂單滿載……等，但此時股價早已先行反映一波了。

　　這就是超簡單投資法不同與其他投資方法之處，我們始終走在新聞之前，買在起漲點、趨勢轉折處，取得有利先機，當然投資報酬率也會跟著亮眼，不用做產業研究，只要搞懂趨勢，財富自然來。

　　總而言之，順勢交易是根據市場趨勢變化而進行投資的策略，而市場永遠充滿風險和變數，過去的趨勢不一定代表未來的表現。投資人需要保持理性的態度、獨立判斷的頭腦，不要過度追求短期的高報酬交易，應該以更宏觀的視角看待交易，才能在市場變化中保持相對穩健的投資表現。

後記

念念勿生疑
交易紀律的養成

> "成功的股票交易 80% 靠心理，20% 靠技巧，「攻心為上」才是真正的交易之道。 "

　　每年我都會去參加三天兩夜的佛學營，前往花蓮後山清幽靜謐的佛門聖地，望著好山好水，遠離熱鬧聲囂的城市，暫時拋開 3C 電子用品的制約，忘卻平時汲汲營營的忙碌生活，在短暫與世隔絕中靜思沉澱之後，重新出發。這是我每年送給自己的禮物，短暫充電休息，總能帶回滿滿的能量與活力。

　　在營隊的生活，每天都是早睡早起，簡單蔬食就有足夠的營養，禮佛誦經課程安定現代人的焦慮與不安，我也從中體悟人生。「念念勿生疑」是出自佛經的一句話，意

思是相信才能貫徹始終，對於自己所選擇的決定，不要心生懷疑，而是要有信念並堅定地相信進而執行，不要預設結果，欣然接受一切。

投資也是相同道理。千挑萬選後選擇適合自己的投資方法，就請投入百分百的信念，執行策略不要心生疑慮，對於買進股票之後會遇到各種人性考驗，無論是貪婪、恐懼的魔考，都不會因此而動搖，明白報酬是由市場給予，無法強求而得。換句話來說，是相信方法之後才有報酬，而不是想要報酬才去相信方法。

📈 紀律是培養贏的態度

方法對了、觀念對了，績效自然就會出現，想要成為股市常勝軍，投資方法和理財觀念都是缺一不可的環節。然而，多數投資人在選擇投資方法時，經常不知所措，五花八門的學派到底要哪一種才適合自己？索性聽別人報明牌最快，加入各種股票聊天室挑股票，或者看電視台上投資老師口沫橫飛地推薦某檔股票……這些都是散戶最常選擇的投資方法。

沒有系統的投資方法，毫無依據的選股方式，都是讓

投資人像一朵無根的浮萍飄流在股海裡，漫無目的地隨波逐流，最後就是被大海吞噬的下場。第一步沒有選對投資方法，想當然理財觀念也不會正確，更遑論有好的投資績效了。

　　進入股市的最終目標當然是「賺錢」，但真正長期持續獲利的投資人卻很少，只有一小部分的投資人能真正做到長期獲利，個中關鍵就是「紀律」，交易紀律說起來簡單，但做起來卻不簡單，就像是想減肥的人肯定知道擇食和運動的重要性，但美食當前總是擋不住誘惑，活動筋骨總是嫌累、嫌麻煩。

　　不要小看交易紀律的重要性，任何股市贏家絕對都是奉行交易紀律一族，知道風險是股市最大的變數。風險永遠都存在，唯一能做的事就只有「降低」風險，將它限縮在可以接受的範圍之內，當內心有譜時就不容易慌亂，在看待投資交易就能更加坦然。想要征服股海，首要條件是征服自己的心性。成功的股票交易 80% 靠心理，20% 靠技巧，「攻心為上」才是真正的交易之道。

　　不管是讀書、投資、工作，「自律」絕對是成功的關鍵，但很遺憾的這不是人類與生俱來的天性，而是透過學

習相關技巧之後方能掌握的能力，有了這一項能力才能順利適應交易世界。每個人都知道市場不可控，那就控制自己變得更為客觀，貼近市場真實現況，當你減少對金融市場的曲解，就能游刃有餘的生存在股市。

蛻變成常勝交易者

「超簡單投資法」的核心是以技術分析為交易基礎，運用市場最真實的量價關係為主軸，透過大數據分析篩選出具有潛力的股票，而分析的依據是四大法寶——均線、趨勢線、型態、成交量，每一個法寶都是濃縮技術指標的精華，將選股步驟簡單化，讓投資人在培養「交易紀律」時有所歸依。

大家都聽過股神巴菲特的一句話：「在錯誤的道路上，奔跑也沒有用！」首先，你要選擇正確的投資方法，明確可行的交易策略，然後百分百堅持執行，讓自己蛻變成股市常勝軍。

「大賺小賠」一直是超簡單投資法的核心精神，沒有誇大不實的神級績效，但絕對是真心不騙，且能擁有經常獲利的成績單。一點一滴合理累積財富，最終成為有錢人，

不搏速度的投資，並不會達不到終點。

　　股票價格不斷波動，沒有開始和結束，跳動的價格始於市場起伏的人心，想要保持一貫的交易獲利，真的要和人性對抗，換個角度看待市場，避開交易陷阱繞道而行，建立一套贏家思維系統，是所有投資人的重中之重。

交易紀律必須持之以恆

　　從小到大我們所受的教育都在特定框架之中，許多學科都有正確答案，偏偏投資交易沒有正確答案。投資交易第一步是認識自己是屬於積極型投資人，或是保守型的投資人，接著選擇虧損可以接受的股票買進，買進之後每週設定停損點，沒有觸及停損點就續抱，碰到停損點就出場，抵抗內外在各種雜音干擾。最重要的是持之以恆，當你都能做到每一個環節，代表已經成功培養「交易紀律」，走在贏家的道路上了。

（ 附 錄 ）
簡單四步驟
手把手教你選股票

「**超**簡單投資法」推出兩大選股工具「強棒旺旺來」、「長線聚寶盆 Plus」，只要簡單四步驟，搭配四大法寶，快速進行聰明投資，輕鬆獲利！

【第一步】停看聽 判斷大盤方向

根據兩條均線，透過紅、黃、綠 3 種燈號，判斷大盤多空走勢。

🔴 **大盤紅燈**	🟡 **大盤黃燈**	🟢 **大盤綠燈**
大盤在日 20 均線與日 100 均線之上，整體趨勢偏多。	大盤在日 20 均線與日 100 均線之間，整體趨勢未明。	大盤在日 20 均線與日 100 均線之下，整體趨勢偏空。
可選多方策略	多方、空方策略皆可選	可選空方策略

【第二步】各類條件篩選

⇨ 型態篩選:「強勢噴出」、「跳空走高」、「強勢
   排行」、「趨勢強多」

⇨ 技術篩選:20MA 與 100MA 黃金交叉

⇨ 基本篩選:股本大於 20 億元

⇨ 只看「台灣 50」、「中型 100」等中大型股

以及其他多項自訂篩選條件

【第三步】檢視個股週 K 線圖

觀察週 K 線,依據四大法寶(均線、趨勢線、型態、
成交量)決定進場買點及交易策略。

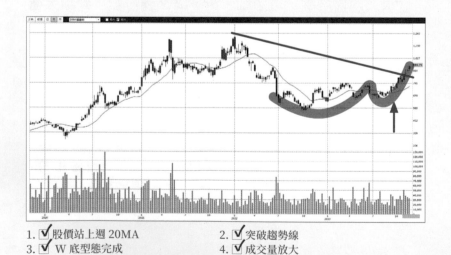

1. ☑ 股價站上週 20MA   2. ☑ 突破趨勢線
3. ☑ W 底型態完成   4. ☑ 成交量放大

【第四步】設定自選監控條件

⇨ 監控功能：設定個股的均線通知，或是到價通知

⇨ 自選功能：選擇個股加入自選股清單

【完整社群資源】投資路上不孤單

YouTube 直播教學　　　　投資網誌　　　　超簡單投資社團

【超簡單投資法 App 工具】一起加入投資的行列！

「長線聚寶盆 Plus」

一款盤後軟體，根據軟體中勾選的策略與條件，所篩選出特定的股票。透過該軟體可以縮短在股海中找到特定條件股票的時間。

「強棒旺旺來」

一款盤中軟體，適用於週期相對較短的波段操作，可以協助你在交易日收到盤中即時飆股、起漲等等最新資訊。

極簡投資
股市小白也能 1 天搞懂的技術分析

作者：林恩如

總編輯：張國蓮
副總編輯：李文瑜
責任編輯：周大為
美術設計：楊雅竹
封面攝影：張家禎

董事長：李岳能
發行：金尉股份有限公司
地址：新北市板橋區文化路一段 268 號 20 樓之 2
傳真：02-2258-5366
讀者信箱：moneyservice@cmoney.com.tw
網址：money.cmoney.tw
客服 Line@：@m22585366

製版印刷：緯峰印刷股份有限公司
總經銷：聯合發行股份有限公司

初版 1 刷：2023 年 12 月

定價：420 元

國家圖書館出版品預行編目（CIP）資料

極簡投資 : 股市小白也能 1 天搞懂的技術分析 /
林恩如作 . -- 初版 . -- 新北市 : 金尉股份有限公司，
2023.12
　　面；　公分 -- （創富 ; 59）
ISBN 978-626-97894-3-6 （平裝）
1.CST: 股票投資 2.CST: 投資分析

563.53　　　　　　　　　　112020538

Money錢

Money錢